Oliver Resing

AF221921

DREHENDER WIND

Freunde und Orte

in der Ukraine und in Transnistrien

Reise-Eindrücke aus dem Jahr 2021

Die Berichte in diesem Werk sind so authentisch wie möglich aus Erinnerungen und Notizen entstanden. Der Autor ist kein Profi, zwischen Gedanken und Emotionen können Rechtschreib- und Grammatikfehler auftauchen. Es sei der Hinweis gestattet, dass sich möglicherweise einige Leser an Kraftausdrücken und einem sexistischen Weltbild stören könnten. Diese Ausdrucksweise ist aber notwendig, um authentisch berichten zu können.

Es wird nicht zu Nachahmung der Geschehnisse aufgerufen und dringend davon abgeraten, auf eigene Faust in den beschriebenen Ländern Unternehmungen zu starten, besonders nicht illegal. Die Gesetze dort sind streng und einzuhalten, das Gesundheitsrisiko wird als Laie oft falsch eingeschätzt. Es wird auch nicht zu Gewalt, Alkohol- und Drogenmissbrauch, unüberlegten sexuellen Handlungen oder sonstigen illegalen Taten nach dem Recht der Bundesrepublik Deutschland aufgerufen, sondern lediglich über die Vorgänge des Zeitgeschehens berichtet (StGB §131(3)). Jegliche Ähnlichkeiten zu Straftaten sind rein zufällig.

Bibliografische Information der Deutschen Nationalbibliothek: Die Deutsche
Nationalbibliothek verzeichnet diese Publikation in der Deutschen
Nationalbibliografie; detaillierte bibliografische Daten sind im Internet über
dnb.dnb.de abrufbar.

Herstellung und Verlag: BoD – Books on Demand, Norderstedt

ISBN: 9783756202164

INHALT

VORWORT

Pünktlich zum Jahrestag der unfassbaren Nuklearkatastrophe am 26. April 2021 kam unser Buch „CHERNOBYL – DON'T PANIC PROJECT" (erschienen beim BoD Verlag, Norderstedt, ISBN: 9783753498782) raus.

Der junge Ukrainer Yaro Pancenko und ich berichten darüber, wie wir uns kennengelernt und wie wir das ein oder andere Abenteuer erlebt haben. Ich wollte verstehen, was damals in Chernobyl geschah und ich wollte mit eigenen Augen sehen, was dort vor sich ging, was die Folgen einer solchen Katastrophe sind und wie es dort heute aussieht. Wir analysieren die Katastrophe und nehmen gleichzeitig den Leser an die Hand, nehmen ihn mit auf unsere Reisen, bis nach Chernobyl. Gleichzeitig berichten wir in diesem Buch über die faszinierende Stadt Kyiv und über unsere Erlebnisse dort.

All diese Eindrücke bewegten mich dazu, dass ich im Jahr 2021 noch öfter in die Ukraine, aber auch ins benachbarte Transnistrien und in die Republik Moldau reiste, um noch viel mehr von dieser tollen Region zu sehen, noch mehr Städte zu entdecken und noch mehr von diesen freundlichen Menschen dort kennenzulernen. Davon möchte ich in diesem, meinem zweiten öffentlichen Buch berichten.

Aktuelles gibt es immer hier: **yaropancenko.jimdofree.com**

Oliver Resing
im April 2022

EIN TAG IN CHERNOBYL

Juni 2021. Corona bestimmt nach wie vor unseren Alltag. Doch momentan ist die Lage relativ entspannt. Ich kann endlich wieder durch Europa reisen und einmal öfter wird mich der Weg nun in die Ukraine führen.

So besteige ich Ende Juni den Flieger und hebe ab in Richtung Kyiv, wo ich am Abend lande. Über eine App gelange ich an ein günstiges Taxi und der Fahrer hat richtig Lust, rauscht mit mir über die Autobahn, bis wir plötzlich in einem Stau stehen. Kurzerhand lenkt mein Fahrer sein Auto auf den Seitenstreifen, legt den Rückwärtsgang ein und braust etwa drei Kilometer rückwärts am Stau vorbei zur letzten Ausfahrt. Willkommen in der Ukraine. Anschließend rasen wir durch Wald- und Wohngebiete, über typisch schlechte Straßen, während man sich in den Autos hier eh nicht anschnallen kann und ich mich ganz ordentlich am Sitz festkrallen muss, um nicht kreuz und quer durchs Auto zu fliegen. Nach einer knappen Stunde erreichen wir den Hauptbahnhof, wo ich meine Taxirechnung in Höhe von umgerechnet etwa acht Euro begleiche. Anschließend gehe ich etwas einkaufen, um gleich nicht mit leeren Händen bei meinem Freund und Gastgeber Yaro aufzuschlagen. Mit der Metro und dem Bus geht es weiter in den Osten der Stadt, bevor ich am späten Abend die Wohnung erreiche. Per abenteuerlichen Aufzug und durch die gewohnt dunklen Gänge eines ukrainischen Plattenbaus, in denen überall Stromkabel herumhängen, erreiche ich das Appartement im 8. Stock.

Natürlich herrscht erst einmal große Wiedersehensfreude. Yaro hat in den letzten Tagen eine anstrengende, aber auch ereignisreiche und fantastische Tour durch die ukrainischen Karpaten unternommen. Er weiß viel zu erzählen, viele Bilder und Videos zu zeigen und er hat mir ein paar seltene Bier gekauft, die es nur in den Karpaten zu kaufen gibt.

Danach setzen wir uns an den PC und arbeiten an unseren nächsten gemeinsamen Projekten. Anschließend legen wir uns hin und während Yaro genüsslich schläft, stehe ich um 6 Uhr morgens bereits wieder auf. Im letzten Jahr habe ich ein Lebensziel erreicht und ein Vorhaben beendet, welches ich vor knapp zwanzig Jahren begonnen hatte. Ich war als sogenannter Stalker in Chernobyl. Fast unmenschliche Strapazen, dafür aber bis heute teils unbegreifliche Eindrücke. Ein Wechselbad zwischen Abenteuer, Staunen, Ehrfurcht und Wut. Ich wollte verstehen, was damals geschah, ich wollte sehen, was damals geschah und wie es heute aussieht – und ich bekam die nackten Tatsachen mit so einer Wucht vor meine Augen geknallt, dass ich einiges bis heute nicht begreifen kann. Ich muss da nochmal hin. Aber dieses Mal ohne durch Wälder und Flüsse zu schreiten, ohne wilden Tieren zu begegnen und ständig auf der Flucht zu sein. Aber eben auch ohne Eindrücke, die man nur als Stalker dort machen kann. Ein echter Stalker, ein echter Abenteurer wählt niemals den legalen Weg. Aber heute habe ich das Bedürfnis, dort einfach nochmal für einen Tag hinzukommen. Also habe ich mich einem legalen und englischsprechendem Guide sowie einer kleinen Gruppe Ukrainer angeschlossen.

8

Der Weg bis zum Treffpunkt sieht auf der Karte nicht wirklich weit aus. Am Ende laufe ich aber fast eine Stunde lang, gehe unterwegs noch kurz für die Tour einkaufen, denn das ist hier kein Problem. Hier gibt es keine Samstage, keine Sonntage, keine Ruhetage. Und auch keine Nächte. Die meisten Betriebe arbeiten rund um die Uhr, viele Geschäfte haben immer geöffnet, egal an welchem Tag und egal zu welcher Uhrzeit.

Pünktlich um 8 Uhr setzt sich unser Kleinbus in Bewegung. Während wir westlich des Dnjepr Richtung Norden fahren werden die Straßen immer schlechter. Wieder einmal muss ich mich richtig am Sitz festkrallen, um nicht plötzlich im Mittelgang des Busses zu liegen oder abzuheben und mir den Kopf an der Decke einzuhauen. Aber die ukrainischen Fahrzeugführer sind alle geübt. Ob im Auto oder jetzt im Bus, sie erkennen die ganzen Schlaglöcher, kurven geschickt drum herum. Doch manchmal fehlen einfach ganze Straßenzüge oder ein Schlagloch folgt dem nächsten, so dass ein Ausweichen nicht mehr möglich ist. Dann ist man der wilden Rumpelei trotz extrem langsamer Geschwindigkeit einfach ausgeliefert.

Nach etwa anderthalb Stunden durch Wälder und Dörfer erreichen wir die Sperrzone, welche 30 Kilometer um Chernobyl errichtet wurde. Ich kenne diese Grenze ja nur von unseren nächtlichen, nicht ganz illegalen Übertritten, irgendwo zwischen Flüssen und Wäldern, wo es einen hohen Stacheldrahtzaun zu überwinden gilt. Doch heute bin ich ja offiziell und legal unterwegs und so halten wir an der Kontrollstation. Hier wirkt alles sehr steril, das Militär steht parat, in einem Abfertigungshäuschen erwarten uns streng blickende Uniformierte, welche nun unsere Reisepässe und Versicherungsbescheinigungen einsammeln und Passierscheine ausstellen. Wir bekommen Regeln erklärt, Dosimeter in die Hand gedrückt und man traut sich in diesen Räumen nicht wirklich mit der Wimper zu zucken, versucht so leise wie möglich zu atmen.

Nach einer halben Stunde sind alle Formalitäten erledigt und wir betreten nun die Sperrzone. Unser Bus fährt über die ehemalige Schnellstraße der Sowjetunion, welche mehr und mehr zu einem wackligen und zugewachsenen Feldweg geworden ist, bis wir das Dorf Zalissya erreichen. Ich erinnere mich an dieses Dorf. Hier haben wir damals bei unserer nicht ganz legalen Tour eine Pause eingelegt, mitten in der Nacht, bei völliger Dunkelheit und plötzlich stand ich mitten auf dem Dorffriedhof. Heute ist es hell. Wir steigen aus und betreten den Wald, der mal ein Dorf war. Wir werden direkt von tausenden Mücken überfallen. Die ehemaligen Hauptstraßen sind nur noch einen halben Meter breit und man muss sich seinen Weg durch Dornenbüsche und Bäume bahnen. Zwischendrin Wohnhäuser, das Gemeindehaus, zugewachsene Autos, die Kirche, aus der Bäume herausragen, die mittlerweile höher sind als der Kirchturm, die ehemalige Schule, der Kindergarten, Spielplatz und Fußballplatz. Vieles erkennt man erst, wenn man für längere Zeit stehen bleibt und sich die Örtlichkeit genauer anschaut. Da wir legal unterwegs sind, dürfen wir die Häuser nicht betreten. Im letzten Jahr haben wir uns noch in einem der Häuser ausgeruht, haben das Geschirr noch auf den Tischen stehen und die Klamotten in den Schränken hängen sehen. Weil die Bewohner ja nur zu einem Ausflug sollten, niemand sagte ihnen, dass hier alles verstrahlt ist und sie nie wieder zurückkehren würden. Ein

10

unglaubliches Leid, eine unglaubliche Vertuschung und tausende Bewohner, die nicht mehr lange gelebt haben. Chernobyl-Krebs. Ich berichtete in meinem Chernobyl-Buch darüber.

Anschließend fahren wir weiter und erreichen das Ortsschild von Chernobyl. Wir passieren einen letzten Kontrollposten und befinden uns nun offiziell in der Stadt, die keine mehr ist. Eigentlich fahren wir über schmale Waldwege, befinden uns aber auf der ehemaligen Einkaufsstraße. Das Leben steht hier seit 35 Jahren still. Die Natur hat sich alles zurückerobert. Wilde Tiere, manchmal in erschreckender Größe, straucheln herum. Und wir.

An einer Stelle parken die Fahrzeuge und Roboter, welche damals das Reaktordach säubern sollten, am Ende aber alle versagten.

Wir fahren zum Hafen und nur mit viel Mühe kann man erkennen, dass hier mal das Leben gespielt und die Industrie geboomt hat. An einer Stelle liegt ein ehemaliges Ausflugsschiff, jemand hat ein Bild aufgehängt, als das Schiff noch in Betrieb war. Farbenfroh und mit glücklichen Menschen drauf. Heute ist alles verrostet, das Schiff halb gesunken.

Wir fahren weiter und besuchen das *„Monument derer, die die Welt gerettet haben"*. Ein seltsamer Ausdruck, aber tatsächlich wahr. Die Katastrophe damals wurde innerhalb weniger Tage zu einem weltweiten Problem. Nur durch den Einsatz der sogenannten Liquidatoren konnte Schlimmeres verhindert werden. Tausende davon. Und niemand von ihnen wusste damals wirklich, auf was er sich einließ. Viele hatten nicht einmal eine Wahl. Sie wurden einberufen und dort ausgesetzt. Nur wenige von ihnen lebten danach noch lange. Sie alle starben viel zu früh. Doch die gröbste Strahlung konnte gestoppt werden. Die atomaren Teilchen schwebten nicht mehr um die Erde. Die Welt war gerettet. Und für all diejenigen ist dieses Denkmal.

Der Weg führt uns nun zum Reaktor selbst. Eine unglaubliche Konstruktion umschließt den strahlenden Reaktor. Daneben verrostete Ruinen. Alles verstrahlt. Unsere Dosimeter gehen auf Anschlag. Lange darf man sich hier nicht aufhalten, maximal ein paar Minuten. Ein seltsames Gefühl hier zu stehen. Als Illegale konnten wir hier nicht hin, dafür ist dieser Bereich zu sehr bewacht und zu gefährlich. Nebenan befindet sich eine Eisenbahnbrücke, auf die wir nun gehen und von der wir auf das strahlende Wasser unter uns schauen können. Auch die Fische sind verstrahlt, mit Missbildungen und riesengroß.

Und dann gibt es in Chernobyl tatsächlich noch eine alte und aktive Kantine für all diejenigen, die hier als Wachpersonal arbeiten. Hier dürfen auch wir heute Platz nehmen und bekommen ukrainischen Borschtsch serviert. Lecker wie immer und eine gute Stärkung für den restlichen Tag.

Unser Bus fährt nun wieder aus der Stadt heraus. Über fast unmögliche Wege für diesen Bus rumpeln wir fast im Schritttempo durch die verlassene Landschaft. Und durch Wälder, wovon ein großer Teil im letzten Sommer abgebrannt ist. Das sieht eh schon alles traurig aus hier, jetzt noch schlimmer, wenn schwarze Baumstämme in die Höhe ragen. Irgendwo hier sind wir letztes Jahr aus dem Wald gekommen und haben die Betonpiste erreicht. Hier war zu Sowjetzeiten ein streng geheimes und bewachtes Militärgebiet, denn am Ende der Straße befindet sich das riesige DUGA-Radar. Eine wahnsinnige Konstruktion. Yaro ist damals bis ganz nach oben geklettert, während wir Wache geschoben haben. Heute brauchen wir keine Wache schieben, denn wir durchschreiten ganz offiziell den Kontrollposten. Die letzten zwei Kilometer müssen wir aber auch heute laufen und durchkreuzen dabei einen Wald, der mal das Dorf für die hier stationierten Soldaten mit ihren Familien war. Wir schreiten durch tiefes Dickicht, an das ich mich auch noch erinnern kann. Und irgendwo hier war auch mal ein kleiner verlassener Kiosk, ein Spielplatz und siehe da, kurze Zeit später sehen wir die alten und verrosteten Schaukeln zwischen den Bäumen.

Wir kämpfen uns weiter und dann steht das riesige Abhörradar plötzlich vor uns. Einfach gigantisch. Und so ein riesiges Objekt hat man zu Sowjetzeiten tatsächlich geheim gehalten. Wahnsinn.

Im Schritttempo wackeln wir über die holprigen Betonplatten zurück und erreichen die ehemalige 50.000-Einwohner-Stadt Prypjat. Diese Stadt war damals am stärksten betroffen. Zuerst wurde gar nicht evakuiert, dann wurden innerhalb weniger Stunden alle Einwohner zu einem Ausflug eingeladen, von dem sie nie zurückkehrten. Viele Männer der Stadt starben als Feuerwehrleute am Reaktor. Entweder dort, oder kurze Zeit später im Krankenhaus. Ich erinnere mich noch an den Raum im Krankenhaus, wo die verstrahlten Uniformen und hunderte Gasmasken der verstorbenen Feuerwehrmänner herum lagen. Der Blick in diesen Raum damals, vor allem aber auch die Eindrücke aus dem Kinderkrankenhaus werde ich nie wieder vergessen.

Wir erreichen zunächst die Stelle, wo sich damals die Einwohner versammelten. Eine Brücke, von der man auf den brennenden Reaktor schauen konnte. Man war fasziniert von dem Lichtschein. Niemand sagte ihnen, dass sie diesen Ausblick mit ihrem Leben bezahlen würden.

Unser Bus kriecht weiter durch den Wald, ehemals Hauptverkehrsstraßen. Alles ist verlassen, überall hat die Natur Einzug gehalten. Wir stoppen am höchsten Gebäude der Stadt, auf dem noch ein riesiges Sowjet-Symbol in den Himmel ragt. Von hier laufen wir zum Bahnhof, dem Hafen, besichtigen die Hafenkneipe, eine der ehemaligen Schulen, wo die Schulhefte noch auf den Tischen liegen. Wir betreten das ehemalige Kinderheim, wo in den Kinderbetten noch die Teddys liegen, Spielzeuge in den Regalen und Buntstifte auf dem Boden. Man staunt und spürt zugleich, welches Leid sich hier zugetragen hat, wie schnell aus einer lebendigen Stadt eine Geisterstadt wurde. Der alte Holzboden ist längst morsch und man muss aufpassen, wo man hintritt. Die ehemaligen sanitären Anlagen stinken bestialisch. Manche Stalker haben sich hier an den Wänden verewigt. Im ehemaligen Kindergarten und in den ehemaligen Krankenhäusern wird man von einem bedrückenden Gefühl umklammert, welches kaum zu beschreiben ist. Die ehemaligen Privatwohnungen dürfen wir heute als legale Besucher nicht betreten, dafür sehen wir den Supermarkt, das ehemalige Hotel „Polissja" und das Schwimmbad sowie das ehemalige Institut für Atomenergie, in dem damals zunächst alle falschen, danach aber auch alle wichtigen und richtigen Entscheidungen getroffen wurden. Am Kulturzentrum vorbei geht es zur Sporthalle, zum Kino und zur Haupteinkaufsstraße, der Flaniermeile, wo jetzt nur noch Bäume und Büsche zu sehen sind und wo man die damaligen Konturen nur bei genauerem Hinsehen erkennt. Unglaublich. Und dann erreichen wir den Vergnügungspark, der damals nur wenige Tage vor seiner Eröffnung stand. Das allseits bekannte Riesenrad, die Karussells, der Autoscooter – alles neu und niemals gebraucht – und seit 35 Jahren im verstrahlten Ruhezustand.

Auf unserem Fußweg zurück zum Bus kommen wir am Fußballstadion vorbei. Die Tribünen hier haben aber nie Menschen gesehen, Fußballer haben das Stadion nie betreten, denn auch dieses Bauwerk stand wenige Tage vor seiner Eröffnung. Das Eröffnungsspiel war längst ausverkauft, hochrangige Politiker aus Moskau hatten sich angekündigt, doch dann wurde unterschätzt, was der falsche Umgang mit Atomenergie alles auslösen kann. Die Welt stand still. Und in diesem Stadion blieb es still. Ein beklemmendes Gefühl.

Mit dem Bus geht es nun wieder zurück. Wir passieren den 10-Kilometer-Checkpoint und erreichen schließlich den 30-Kilometer-Checkpoint. Hier werden wieder unter strengen Minen unsere Reisepässe und Passierscheine eingesammelt, alles wird zigmal kontrolliert und abgestempelt, anschließend schickt man jeden von uns in ein Strahlenmessgerät. Von außen sieht das Teil aus wie eine alte Drehbank, irgendwie muss man sich da reinzwängen, man bekommt gesagt, welche Schalter man wie umlegen muss und dann wird die radioaktive Strahlung gemessen. Ist diese zu hoch, muss man seine Klamotten ausziehen und vor Ort entsorgen. Ist die Strahlung danach immer noch zu hoch, dann bleibt man da und wird in ein Krankenhaus gebracht. Bei unserer Reisegruppe ist aber alles in Ordnung. Ich bekomme kurz Panik, weil es eine grüne und eine rote Lampe in diesem Automaten gibt und bei mir die rote Lampe aufleuchtet. Aber nicht überall bedeutet das rote Licht etwas Negatives, denn hier bedeutet das rote Licht Freiheit – Strahlenwerte okay.

Anschließend überqueren wir den Kontrollposten, befinden uns wieder außerhalb der Sperrzone und hier wird an einem kleinen Straßenimbiss erst einmal etwas gegessen. Anschließend rumpeln wir mit dem Bus wieder anderthalb Stunden über schlechte Straßen und erreichen Kyiv im dichten Feierabendverkehr. Nur mühsam kommen wir durch und erreichen am frühen Abend unseren Ausgangspunkt.

Alles in allem eine sehr nette Erfahrung auch mal legal in der Zone gewesen zu sein, aber natürlich kein Vergleich zu einer illegalen Tour. Dennoch sind wir heute über 20 Kilometer gelaufen. Eine ganze Menge und ich bin mega erschöpft. In einem Supermarkt decke ich mich noch mit Getränken und etwas Essen ein, anschließend laufe ich zur Wohnung, wo Yaro und sein bester Freund Maxim bereits auf mich warten.

SELBSTGEBRANNTER IN KYIV

Ich wasche mich erst einmal von oben bis unten, pack meine verstrahlten Klamotten in eine Plastiktüte, anschließend gönnen wir uns ein paar Bier. Doch schon nach kurzer Zeit sind alle Biervorräte vertilgt. Maxim arbeitet als Teilzeitjobber in einem Brauhaus. Und da könnte man doch eigentlich noch hin. Gesagt – getan. Obwohl ich gerade viel lieber rückwärts ins Bett fallen würde, gehen wir raus vor die Tür, schnappen uns den nächsten Bus und fahren in Richtung Fluss. Dort am Ufer befindet sich das Brauhaus. Wir lassen uns nieder und das Bier fließt direkt wieder. Das ist einfach ein tolles Gefühl nach so langer Zeit. Monatelang habe ich, haben quasi alle Menschen zuhause gesessen. Quarantäne hier, Ausgangssperre da. Natürlich herrscht auch hier in Kyiv überall Maskenpflicht und die wird auch strikt eingehalten. Aber hier im Brauhaus an unseren Plätzen können wir die Masken abnehmen. Und Bier trinken. Frisch Gezapftes. Und da Maxim seinen Chef gut kennt, bekommen wir auch noch ein paar Selbstgebrannte serviert. Die gehen aufs Haus. Und steigen in den Kopf. Angeblich der beste Selbstgebrannte der Stadt. Ich spüre bei jedem Schluck, wie sich der Alkohol einen Weg durch meinen Körper bahnt. Doch die Jungs kennen keine Gnade und so verlassen wir das Brauhaus erst weit nach Mitternacht.

Irgendwie kommen wir zurück zur Wohnung. Und als ich morgens aufwache, liegen Maxim und Yaro neben mir im Bett. Einer links. Einer rechts. Beide nackt. Mein Schädel dröhnt. Ich befreie mich aus der Zange der beiden, schleiche vorsichtig aus dem Bett, ziehe mir etwas über und gehe runter zu einem kleinen

Café um die Ecke. Wasser. Ich brauche Wasser. Und einen Kaffee. Damit setze ich mich erst einmal auf einen der alten Plastikstühle vor dem Café. Die Besitzerin kommt hinzu und interessiert sich für mich. Wir bringen uns gegenseitig ein paar Vokabeln bei. Aber sie verzweifelt an meiner Aussprache. Ihr Lachen ist dennoch herzlich. Eine tolle Frau. Und so langsam erwache ich wieder zum Leben. Der beste Selbstgebrannte der Stadt also. Aber dennoch war es ein lustiger Abend. Und dass die Jungs nackt schlafen hat eine ganz einfache Erklärung. Die meisten Ukrainer haben nicht viele Klamotten. Das kann sich hier niemand leisten. Da muss ein T-Shirt oder eine Unterhose auch mal für ein paar Tage reichen und darum will man die wenigen Kleidungsstücke nicht auch noch nachts vollschwitzen. Unterhose und Socken hängt man hier abends gewöhnlich an den Balkon, damit sie wieder frisch werden und am nächsten Tag wieder getragen werden können. Für westliche Verhältnisse fast unvorstellbar, hier völlig normal.

Als ich wieder in die Wohnung komme, sind auch die anderen beiden aufgewacht und strauscheln immer noch nackt sowie orientierungslos durch die Wohnung. Wir bestellen uns erst einmal Pizza zum Frühstück. Anschließend verabschiedet sich Maxim. Yaro und ich brechen auf zum Einkaufszentrum in der Nähe. Denn ich habe in letzter Zeit wieder Geld sammeln können und bin unendlich dankbar für die tolle Unterstützung meiner Freunde. Von dem Geld haben wir für Yaro bereits dieses Appartement hier bis zum Ende des Jahres mieten können. Ein wirklich tolles Ein-Zimmer-Appartement mit Balkon. Zwar ganz oben in der letzten Ecke, in einem vergammelten Plattenbau, aber der Schein trügt, die Wohnung ist wirklich toll und sauber. Dennoch fehlt es hier an allem Möglichen. Zwar ist eine kleine Küche mit drin und Yaro konnte sich von dem gesammelten Geld auch schon eine Schlafcouch kaufen, auf der wir ja letzte Nacht sogar zu dritt schlafen konnten, aber ansonsten ist die Wohnung leer. Es gibt nicht einmal Bettzeug.

Von daher kaufen wir nun eine Menge ein. Einen Wasserkocher, eine Mikrowelle, einen Staubsauger, Geschirr und Besteck, Bettzeug und zwei Kissen (eins für mich und das zahle ich auch von meinem eigenen Geld) und ein paar gebrauchte Sachen, wie Schreibtisch, zwei Stühle, ein Regal und so weiter. Um alles transportieren zu können, trommeln wir Yaros Freunde zusammen und so kommen uns wieder Maxim sowie Dima und Vady zur Hilfe. Außerdem ein in Russland sehr bekannter Youtuber, der gerade eben von einer Tour nach Chernobyl zurückkommt. Gemeinsam schleppen wir alles in die Wohnung, richten alles ein und verbringen einen gemütlichen Abend zusammen. Genadi, der Russe, wird die nächsten Tage hier bei Yaro wohnen, da er noch ein paar Projekte in der Ukraine und besonders in Chernobyl geplant hat, sich aber keine eigene Unterkunft leisten kann. Hier in diesen Ländern ist das selbstverständlich und man hilft sich gegenseitig.

Während Genadi seine Isomatte ausrollt und auf dem Boden schläft, fallen Yaro und ich später auf die Schlafcouch und testen tief schlafend die neue Bettwäsche. Doch mitten in der Nacht wacht Yaro plötzlich auf. Letztes Jahr verlor er bei einem Unfall einen Zahn. Die Notfallbehandlung konnten wir damals vom gesammelten Geld bezahlen. Doch nun sind die Schmerzen plötzlich wieder da. Im Morgengrauen bleibt uns dann keine

Wahl und wir fahren zu einer Zahnklinik in der Nähe. Hier gibt es keine Krankenversicherung oder ähnliches. Um überhaupt untersucht zu werden, muss man direkt eine Gebühr in bar bezahlen. Zum Glück ist noch Geld von meiner Sammlung übrig. Die anschließende Behandlung kostet nochmal extra, aber auch die kann ich zum Glück von dem Geld bezahlen. Etwa zwei Stunden sitze ich in dem Warteraum, bevor Yaro leicht gerädert und mit anhaltender Betäubung wieder rauskommt. Aber auch mit einem Grinsen. Denn die Schmerzen sind weg und bleiben es hoffentlich auch, wenn die Betäubung wieder nachlässt.

Anschließend fahren wir zu einem Supermarkt und kaufen ein paar Kleinigkeiten für den Tag. Wir nehmen noch ein kleines Video auf, damit ich meinen Freunden zuhause zeigen kann, dass das Geld angekommen und wie glücklich und stolz Yaro gerade ist. Danach fahren wir ins Zentrum und treffen uns mit Genadi, dem Russen. Yaro will uns mit auf ein Hochhausdach nehmen und eine tolle Aussicht auf Kyiv präsentieren. Das ist ja eigentlich gar nicht so meins, aber eben Yaro sein Leben. Und Genadis auch. Und da Yaro sich gerade bei mir für die Unterstützung bedanken will, macht er das eben auf seine Art. Dieses abzulehnen wäre wohl falsch. Außerdem bin ich ja selbst neugierig, wie die Jungs hier immer auf die Dächer kommen und vor allem natürlich auf die Aussicht.

Wir erreichen das Haus. Mit einem klapprigen Fahrstuhl geht es bis ganz nach oben. Dort müssen wir eine Absperrung umgehen und über eine Treppe gelangen wir auf den Dachboden. Hier geht es über eine wacklige Holzleiter weiter und anschließend durch ein Fenster, welches geschickt geöffnet wird. Yaro reicht mir die Hand und zieht mich durch das Fenster, Genadi schiebt von hinten und so klettern wir auf das Dach. Zunächst habe ich etwas weiche Knie. Doch dann werde ich etwas mutiger, fühle mich immer wohler und von hier oben haben wir tatsächlich eine grandiose Aussicht über die Stadt. Wir sehen die tollen Gebäude, unzählig viele Goldkuppeln, unten den dichten Verkehr, blicken auf das Gebirge, sehen das Höhlenkloster und direkt vor uns bahnt sich der Fluss Dnjepr seinen Weg durch die Stadt. Wir blicken auf die faszinierenden Brücken der Stadt, schießen unheimlich viele Fotos und fühlen uns frei. Ein hier oben herumliegender Autoreifen wird als Spielgerät benutzt. Wie einfach man hier Spaß haben kann. Ein Dach, ein Autoreifen und wir trollen herum wie kleine Kinder, können nicht mehr vor Lachen, liegen uns in den Armen vor Freude und so schlimm war es nun wirklich nicht, mein erstes Dach. Zeit für ein Bier. Und das schmeckt hier oben nochmal besser. Sogar so gut, dass wir gleich alle mitgebrachten Biervorräte vernichten.

Der Abstieg vom Dach verläuft dann problemlos. Unten angekommen besorgen wir uns wieder ein paar Bier und schlendern damit etwas durch die Gassen. Yaro zeigt uns die ein oder andere Sehenswürdigkeit, also solche, die man als normaler Tourist nicht entdecken würde. Anschließend laufen wir zu einer Art Bergbahn, welche uns den Hügel hinauf zum Maidan bringt. Verdammt, hätte ich diese Bahn im letzten Jahr auch schon gekannt, dann wären mir einige Schweißperlen und vermutlich auch der ein oder andere Muskelkater erspart geblieben. Aber sei es drum, so erreichen wir den Maidan heute richtig bequem und auch etwas angetrunken. Gestern Abend haben wir ein deutsches Trinklied gesungen. Und das will man jetzt auch wieder von mir hören, den Text versuchen mitzusingen. Und kaum fange ich an zu singen, da werden überall die Handys gezogen und mein Gesang macht eine Runde durch die ukrainischen Social-Media-Kanäle. Wie ich hörte sogar bis nach Deutschland. Passiert.

Wir laufen ein wenig durch die Gegend und Yaro zeigt uns noch zig Objekte, die er bereits bestiegen hat. Also Gebäude, keine Menschen. Am Abend fahren wir dann zurück zur Wohnung. Dort angekommen sind wir hungrig und wir bestellen uns besten ukrainischen Borschtsch sowie weitere Leckereien von Hähnchen bis Sushi. Wobei Sushi ja nicht unbedingt meins ist, aber probieren muss ich dann doch das ein oder andere. Wir haben ja zum Glück die großen Literflaschen Bier zum Nachspülen.

WIND DER VERÄNDERUNG IN ODESSA

Erst vier Stunden nach Mitternacht legen wir uns am frühen Donnerstagmorgen schlafen. Allerdings klingelt bereits nach einer Stunde mein Wecker schon wieder. Ich habe für heute Morgen einen Flug nach Odessa gebucht. Heute Abend wird mir Yaro mit dem Nachtzug folgen. Ich mache mich kurz frisch, pack ein paar Sachen zusammen, gehe runter auf die Straße und bestelle mir per App ein Taxi. Das kommt auch schon nach wenigen Minuten und der Fahrer bringt mich rasant zum Flughafen Boryspil. Hier gibt es auf den Straßen keine Kontrollen oder ähnliches, wir brausen in seiner Klapperkiste mit 120 km/h durch die Stadt, anschließend hupend über die Autobahn und am Ende der Fahrt feiert der Fahrer sich mit einem kleinen Tanz vor dem Auto dafür, dass er 15 Minuten schneller war, als es sein Navi ausgerechnet hatte. Ich wische mir die Schweißperlen von der Stirn, bezahle die umgerechnet etwa fünf Euro für 45 Minuten Fahrt und betrete das Flughafengebäude. Coronabedingt gehen hier noch nicht ganz so viele Flüge, vor allem nicht inländisch und so sind die Kontrollen kein Problem und ich habe alle Zeit der Welt, um mir in Ruhe einen Kaffee zu gönnen.

Der Flug dauert eine knappe Stunde, bevor wir am Schwarzen Meer in Odessa landen. Die Landebahn besteht aus Betonplatten und wir rumpeln mit dem Flieger darüber, wie man in diesem Land auch mit dem Auto über die Buckelpisten rumpelt. Alles gewöhnungsbedürftig.

Draußen vor dem Flughafen laufe ich dann los in Richtung Stadt. Es ist kurz vor Mittag. Die Sonne brennt. Der Weg scheint weiter zu sein, als ich mir das gedacht hatte. Also bestelle ich mir über die App wieder ein Taxi und lasse mich zum Hauptbahnhof bringen. Der Taxifahrer erklärt mir ganz stolz, dass sein Auto sogar eine Klimaanlage hat. Und er trägt gar keine Maske, zeigt mir, dass ich meine Maske auch ruhig runternehmen könne. Hier scheint alles etwas lockerer gesehen zu werden.

Am Hauptbahnhof angekommen sortiere ich erst einmal meine Eindrücke. Während ich vor Ruinen stehe, in denen noch Menschen wohnen, steht vor mir der protzige Hauptbahnhof. Links graue Gebäude, rechts bunte Gebäude. Eine uralte Straßenbahn knattert über unebene Gleise an mir vorbei. Aber die uralte Bahn wurde kunterbunt angemalt. Gegensätze. Überall Gegensätze. Einerseits überall verarmte Menschen, die hier ums Überleben kämpfen, mit Wenig zufrieden sind, andererseits Urlaubsort der Reichen in der Ukraine. Viele Möwen gibt es hier. Klar, wir sind ja auch direkt am Meer. Während ich einen Schwarm Möwen fotografieren will, verrichtet eine der Möwen ihr Geschäft direkt über meinem Kopf. Na schönen Dank auch. Dennoch gönne ich mir erst einmal etwas zu essen und laufe dann los. Unterwegs wieder eine Mischung aus grandiosen Gebäuden, vergoldeten Türmen und richtigen Ruinen. Eine Frau in Kleid und vergoldeten Schuhen neben dem Arbeiter. Schulkinder, die auf der Straße spielen – und glücklich sind. Und doch sieht die Zukunft hier so finster aus. Einst von der Sowjetunion als Urlaubsiel für die Reichen gebaut, sind hier heute nur noch die Reste vom ganzen Prunk zu sehen. Überbleibsel aus einer besseren Zeit. Doch die Menschen hier wirken nicht traurig. Sie wirken zufrieden, mutig und freundlich. Sie blicken optimistisch in die Zukunft.

Nach einer halben Stunde erreiche ich meine Unterkunft direkt am Strand, mit Balkon zum Meer hin und grandioser Aussicht. Und das alles für ein paar Euro. Faszinierend.

Ich schmeiße meine Tasche auf das Bett und mich anschließend wieder an die frische Luft. Am Strand entlang laufe ich in Richtung Hafen. Unterwegs vergammelte Ecken, unberührte Strände, dann wieder Luxusbauten. Dazwischen immer wieder grandiose Aussichten, viele Denkmäler, historische Gebäude und Eingänge zu den Katakomben unter der Stadt mit einem Wegesystem von über 2.000 Kilometern. Ich laufe durch den Luna Park und erreiche das Zentralstadion, welches ich von außen besichtige.

Anschließend gehe ich etwas essen, natürlich zum Sonnenuntergang bei Meerblick, bevor ich zurück zur Unterkunft laufe. Hier gönne ich mir noch ein Bier auf dem Balkon, während ich unten das bunte Treiben am Strand und der vor mir liegenden Strandbar verfolge. Und während dort unten, wenige Meter von mir entfernt, das bunte Leben spielt, sehe ich ganz hinten am Horizont Kriegsschiffe vorbeifahren. Mächtige Schiffe. Angsteinflößende Schiffe. Sie fahren in Richtung Krim. Denn eines darf in diesem Land nicht vergessen werden: hier herrscht ein verdammter Krieg. Während sich Russland immer mehr in der Ukraine breit macht und die Ukraine mit allen ihr zur Verfügung stehenden Mitteln dagegen ankämpft, wird man doch irgendwie alleine gelassen. Man versucht Anbindung an den Westen zu finden, der NATO und der EU beizutreten, westliche Standards zu erreichen und man ist stolz auf jeden kleinsten

Schritt in diese Richtung. Aber gleichzeitig droht Russland mit allen Mitteln, denn man möchte die Ukraine lieber auf seiner Seite haben, oder, noch lieber, gleich ganz für sich beanspruchen. Im Fernen Osten, sprich in Asien werden wichtige Verträge und Abkommen mit Russland und der EU sowie mit den USA geschlossen, die Ukraine sitzt immer irgendwie dazwischen, wird völlig übersehen, vergessen. Dabei geben sie sich so viel Mühe hier. Fließend warmes Wasser ist zwar keine Selbstverständlichkeit in diesem Land, Yaro zum Beispiel hat in seiner Wohnung auch kein fließend warmes Wasser, aber man gibt sich in so vielen Bereichen so sehr viel Mühe westliche Standards zu erreichen. Das dauert. Vor allem, weil man völlig auf sich gestellt ist. Und Geld hat man auch nicht. Das sieht man auch jetzt zu Coronazeiten. Während in Deutschland längst geimpft wird, hat man in der Ukraine einfach kein Geld, um sich Impfstoff zu beschaffen. Man ist auf Hilfe aus dem Ausland angewiesen, auf Spenden.

Gegen Mitternacht gehe ich ins Bett und schlafe ziemlich schnell ein. Währenddessen besteigt Yaro in Kyiv gerade den Nachtzug und wird morgen früh hier eintreffen. Er selbst ist ja bislang immer nur per Anhalter nach Odessa gekommen, hatte nie eine Unterkunft und hat immer mit Freunden auf irgendwelchen Dächern geschlafen. Auch heute wollte er zunächst nicht mit, mir nicht lästig werden und vor allem mir kein Geld kosten. Doch ich habe darauf bestanden ihn einzuladen. So etwas ist ihm immer unangenehm, denn er will mir nicht auf der Tasche liegen. Doch das ist für diesen Ausflug okay. Ich finde, das haben wir beide uns nach den letzten Wochen und Monaten einfach verdient. Außerdem will Yaro hier am Samstag eh ein Konzert besuchen. Dann werden auch einige seiner Freunde hier eintreffen. Somit wäre er schon mal hier. Zurück würde er dann mit seinen Freunden wieder per Anhalter fahren.

Gegen 9 Uhr bin ich wieder wach. Yaro schreibt mir, dass er gleich am Bahnhof ankommt. Wir verabreden uns und kurze Zeit später wirft Yaro seine Tasche bei mir im Appartement ab. Anschließend machen wir uns auf den Weg, um ein wenig Odessa zu erkunden. Zunächst laufen wir über die Promenade in Richtung Süden. Wir erreichen den Strand, den Yaro mal in einem seiner Videos zuerst angepeilt hat. Nach stundenlanger Fahrerei per Anhalter und einigen Problemen unterwegs kam er hier mitten in der Nacht an. Er berichtet davon auch in unserem gemeinsamen Buch „**CHERNOBYL – DON'T PANIC PROJECT**".

Der Strand selbst hat, wie viele Strände hier, keinen direkten Zugang. Man läuft hoch oben durch den Wald, durch tiefes Gras und über schmale Pfade. Will man zum Strand, muss man sich irgendwie den steilen Berg hinunter rangeln. Treppen oder ähnliches gibt es hier nur an den wenigsten Stellen. Doch wir kommen unbeschadet unten an und ich erkenne direkt den Strand, welcher mir gut aus Yaro seinem Video in Erinnerung geblieben ist. Kurz vorher haben wir uns an einem Kiosk etwas Brot, Streichkäse und ein paar Kaltgetränke geholt. Wir setzen uns in den Sand, lauschen dem Meer und genießen unser mitgebrachtes Frühstück. Weit und breit sind wir hier die einzigen Menschen. Freiheit.

Anschließend kraxeln wir den Berg wieder hinauf und laufen weiter, immer mit Meerblick und erreichen die Stelle, wo bis vor kurzem ein halb gesunkenes Schiff vor der Küste lag. Dieses war vor ein paar Jahren im Sturm auf Grund gelaufen. Gerne hätte ich das Schiff noch gesehen, doch im letzten Winter wurde das Wrack komplett geborgen. Wir straucheln weiter durch das tiefe Gras und durch die Büsche, bis dann immer mehr Zivilisation auftaucht. Wir sehen einige Hotels auf der rechten Seite, während auf unserer linken Seite keine einsamen Strände mehr sind. Hier sind überall Liegen oder Betten aufgebaut, Beachbars und Grillstuben wohin man schaut. Überall gibt es Snacks, Eis und frisch gezapftes Bier. Jetzt sehen wir auch alle paar Meter einen kleinen Supermarkt, einen Kiosk oder einen Souvenirladen. Das erinnert mich schon sehr stark an die Playa de Palma hier. Und die Menschen sind alle so freundlich, so gut gelaunt. Jeder grüßt hier jeden, es wird gefeiert, getrunken und getanzt. Von Maskenpflicht keine Spur. Zum ersten Mal seit langem sehe ich Menschen, die richtig feiern und glücklich sind. Ein toller Anblick. Und ein tolles Gefühl.

Wir laufen weiter und erreichen den berühmten Arcadia Beach. Hier spielt das Leben. Eine Bar nach der anderen am Strand, überall Bierbuden, Essensstände und die für solche Locations typischen Läden. Laute Musik schwebt über uns. Wir lassen alles auf uns einprasseln. Wir genießen. Und natürlich springen wir auch ins Schwarze Meer. Danach laufen wir durch Arcadia City, eine lebhafte Touristenmeile mit vielen Attraktionen, vielen Läden und sogar einigen Karussells. Wir mieten uns einen E-Scooter und brausen damit durch die Straßen. Das fühlt sich schon so richtig nach Urlaub an hier.

Gegen Abend laufen wir aber zurück, kilometerlang durch den Wald an der Küste vorbei, bis wir nach über zwanzig Kilometern Fußmarsch heute das Appartement wieder erreichen.

Wir machen uns kurz frisch und setzen uns mit einem Bierchen auf den Balkon, genießen die Aussicht und sehen, wie zum Sonnenuntergang ein ukrainisches Kriegsschiff in den Hafen von Odessa einläuft. Nach wochenlanger Grenzpatrouille wieder zurück in der Heimat. Die Soldaten zieht es direkt an unserem Balkon vorbei. Von überall wird ihnen zugejubelt, Mut und Dankbarkeit zugesprochen, applaudiert. Ein seltsames Gefühl. Die Jungs landen alle schräg gegenüber in einer Karaokebar. Yaro und ich schauen uns an. Gar keine schlechte Idee. Kurze Zeit später betreten auch wir den Laden. Und der ist rappelvoll. Anfangs ziemlich ungewohnt, wie hier alle Menschen ohne Maske feiern, trinken, tanzen. Zahlreiche ukrainische und internationale Klassiker werden auf der Karaoke-Bühne zum Besten gegeben. Und ich soll wieder das deutsche Trinklied singen. Doch der DJ kann uns das leider nicht bieten. Oder zum Glück. Doch dann kommt „*Wind of Change*" von den Scorpions. Und, verdammt, plötzlich sind alle im Laden oberkörperfrei. Die Soldaten - soeben noch im nahen Kriegsgebiet - werfen jetzt und hier ihre Mützen durch die Gegend, das Wachpersonal schmeißt die Uniformen ab und damit durch die Gegend. Was mir in diesem Land immer schon aufgefallen war, hier gibt es keine Berührungsängste. Hier gibt es Freundschaften und Solidarität. Jeder hilft jedem (außer vielleicht im Straßenverkehr). Wer ein neues T-Shirt bekommt, der teilt es mit seinen Freunden. Wer etwas Geld in der Tasche hat, der bezahlt. Und das ist auch hier heute so. Viele geben mir ein Bier aus, selbst Yaro. Für mich kostet ein Bier hier nur ein paar Cent, für die Menschen hier ist das aber schon eine Menge Geld. Aber ich kann das auch nicht ablehnen. Ich sehe den Stolz und das Funkeln in deren Augen, wenn sie mir ein Bier in die Hand drücken. Und plötzlich sind wir nicht mehr in einem Land, in dem Armut herrscht. Wir sind nicht mehr in einem Land, in dem ein Krieg herrscht. Hier sind heute Abend keine Armen, keine Reichen, keine Soldaten, keine Uniformierten, keine Zivilisten, keine Einheimischen, keine Touristen und keine Ausländer. Jetzt und hier sind wir alle Menschen. Alle gleich. Man hat die Nase voll von Korruption und Vorgaben, von Regeln, Armut und Krieg. Und vielleicht auch von Corona. Wir sind hier in einem Land, welches mehr und mehr den demokratischen Werten folgt. Ein Land, welches sich immer mehr dem Westen nähert. Weg von den ganzen Oligarchen, die über das Land bestimmen wollen. Weg von Korruption. Hin zu einem Präsidenten, der vom Volk gewählt wurde. Ein Präsident, dem es wichtig ist die Ukraine voranzutreiben. Wir hören hier heute nicht nur den „Wind of Change", nein, wir spüren ihn. Und das in so fantastischer Weise, dass der ganze Laden am Ende Arm in Arm dieses Lied singt. Und so gut wie jeder hat in diesem Moment Tränen in den Augen. Ein unglaubliches Gefühl. Ein Moment, den ich niemals wieder vergessen werde. Drehender Wind.

Der Abend endet erst nach zahlreichen neuen Bekanntschaften und wildesten Tanzeinlagen in den frühen Morgenstunden. Zum Glück müssen Yaro und ich nur um die Ecke laufen und können direkt ins Bett fallen. Doch das Glück dauert nur kurz an, wieder einmal reißt mich der Wecker aus dem Schlaf. Denn heute heißt es schon wieder Abschied nehmen von Odessa. Abschied von der Ukraine. Und Abschied von Yaro, den ich aber erst einmal wach bekommen muss. Das gelingt mir nach etwa zehn Minuten und auch erst, nachdem ich ihn an den Füßen aus dem Bett gezogen habe. Wir gehen noch schnell duschen, packen unsere Klamotten und dann verabschieden wir uns. Yaro weint und sagt mir, dass er mich jetzt schon vermisst. Morgen in einer Woche hat er Geburtstag, mich eingeladen, doch er weiß noch nicht, dass ich tatsächlich kommen werde. Das wird eine Überraschung.

Mit dem Taxi fahre ich zum Flughafen in Odessa, wo ich noch in Ruhe frühstücke. Das Boarding geht pünktlich und zügig vonstatten und dann rumpeln wir wieder mit dem Flieger über die Betonplatten. Die Startbahn ist hier in einem katastrophalen Zustand und ich hoffe beim Beschleunigen, dass unser Flieger nicht auseinanderfällt. Erst später erfahre ich, dass diese Startbahn heute zum letzten Mal im Einsatz war und morgen nebenan eine neue Piste eröffnet wird.

GEBURTSTAGSFEIER IN DER UKRAINE

Eine Woche später.

Pünktlich zur Mittagszeit schwebe ich in der ukrainischen Hauptstadt ein. Flughafen Boryspil. 31 Grad. Die Sonne brennt ganz schön und im Gegensatz zur Heimat ist hier keine Spur von Regen zu sehen. Mit dem Expresszug gelange ich in den Südosten der Stadt. Hier stelle ich mich an die Straße, halte den Daumen raus und schon nach wenigen Minuten werde ich von einem jungen Fahrer eingesammelt. Zu lauter Musik heizen wir über die Straßen und ich komme ohne Umzusteigen bis zur Metrostation Darnytsia. Hier gehe ich noch etwas einkaufen, laufe anschließend eine Stunde lang durch den tiefsten Osten der Stadt und erreiche schließlich den Plattenbau, in dem Yaro wohnt. Der hat morgen Geburtstag und der weiß noch nicht, dass ich ihn besuchen komme. Am letzten Wochenende war er auf einem grandiosen Konzert in Odessa, ist Mitte der Woche per Anhalter zurückgekehrt und seitdem ziemlich geschafft. Und er ist traurig, dass er seinen Geburtstag alleine feiern muss. Er würde gerne ein paar Freunde einladen, aber er hat leider kein Geld um einen auszugeben.

Da ich meine Hausschlüssel bei Yaro gelassen habe, muss ich draußen warten, bis jemand das Haus verlässt. Durch die in diesem Moment offene Tür gelange ich hinein, fahre mit dem Fahrstuhl in die 8. Etage, doch dann müsste ich noch zwei Türen aufschließen, um auf den passenden Hausflur zu kommen. Ich rufe Yaro an und der freut sich riesig von mir zu hören. Als er mir gerade berichtet, dass er traurig darüber ist seinen Geburtstag ohne mich feiern zu müssen, sage ich ihm, dass ich ein kleines Geschenk organisiert habe. Dafür müsste er aber bis zum Flur am Fahrstuhl laufen. Zunächst will er das nicht und versteht nicht so richtig, warum ich ihn dahin lotsen will. Immer wieder betone ich, dass er mir vertrauen und jetzt dahingehen soll. Schließlich läuft er los, während wir weiter telefonieren. Ich höre, wie er seine Wohnungstür aufschließt, dann die beiden folgenden Türen. Somit öffnet sich nun auch die Tür vor mir. Yaro sieht mich zunächst nicht, doch dann blickt er auf und schreit vor Freude das halbe Haus zusammen. Mit Anlauf springt er an mir hoch, umklammert mich und ich würde sagen die Überraschung ist gelungen.

In der Wohnung haben wir uns erst einmal eine Menge zu erzählen. Yaro vom Konzert in Odessa, ich von den vergangenen Tagen, die ich mit Freunden in den Alpen verbracht habe. Da ich soeben noch einkaufen war, haben wir genug zu essen und reichlich Bier und so vergehen die Stunden wie im Flug. Auf dem Balkon genießen wir den Sonnenuntergang, bevor wir dann doch nochmal zum Supermarkt nebenan laufen und Biernachschub holen. Pünktlich um Mitternacht gratuliere ich Yaro zum Geburtstag und überreiche ihm meine Geschenke: ein T-Shirt, eine Flasche Schnaps aus meiner Heimat (die er sich bereits bei meinem Besuch im letzten Jahr gewünscht hatte), eine Bauchtausche sowie ein paar Süßigkeiten aus Deutschland, die er einfach liebt. Wir stoßen nochmal mit einem Bier an, doch danach fallen uns so langsam die Augen zu und wir gehen schlafen.

Als wir beide wieder aufwachen, schleicht Yaro direkt zum Kühlschrank, holt Bier und zieht mich aus dem Bett. „*Heute ist mein Geburtstag*", meint er und kaum fünf Minuten wach, da genießen wir auch schon das erste Bier des Tages. Währenddessen schreibe ich mit Yaros bestem Freund Maxim. Natürlich habe ich mitbekommen, wie traurig Yaro darüber ist, dass er seine Freunde nicht einladen kann. Doch als weiteres Geburtstagsgeschenk habe ich längst beschlossen gleich mit Yaro etwas einkaufen zu gehen. Mit Maxim organisiere ich, dass er sowie Dima und Vady heute Abend kommen werden und wir somit eine kleine Geburtstagsfeier im kleinen Kreis für Yaro organisieren.

Gegen 11 Uhr machen Yaro und ich uns auf den Weg zum nächsten Einkaufszentrum. Wir stöbern etwas durch die Läden und landen schließlich im großen Supermarkt innerhalb des Einkaufszentrums. Hier berichte ich Yaro, dass wir nun für seine Geburtstagsfeier einkaufen werden. Er schaut mich ungläubig an. Also erzähle ich ihm, dass seine Freunde Maxim, Dima und Vady heute Abend auch kommen werden. Zunächst will er mir das nicht glauben und ruft selbst bei Maxim an. Und der bestätigt natürlich, was ich erzählt habe. Yaro schaut mich mit funkelnden Augen an, er springt vor Freude herum wie ein kleines Kind und fortan rasen wir durch den Supermarkt, kaufen ordentlich ein und kommen mit vollen Händen zurück zur Wohnung. Yaro ist außer sich vor Freude, fällt mir zigmal um den Hals und ich bin einfach nur glücklich. Und ein kleines bisschen Stolz.

34

Nachmittags steht dann ein großer Wohnungsputz an. Anschließend ruhen wir uns etwas aus, bevor Yaros Freunde vor der Tür stehen. Obwohl auch sie alle unter ärmsten Verhältnissen aufgewachsen sind, nur Gelegenheitsjobs und nie genug Geld haben, auch von ihren Eltern keine Unterstützung bekommen, bringen sie alle eine Kleinigkeit mit für Yaro. Und der präsentiert stolz die Geschenke, welche er von mir erhalten hat. Jeder darf mal das T-Shirt anziehen, jeder sich mal die Bauchtasche umbinden und damit der Abend perfekt wird, bestellen wir noch zwei Riesenpizzen. Eine gute Grundlage, denn anschließend wird gefeiert. Und das auf ukrainische Art und Weise – das heißt oberkörperfrei, mit einer Menge Bier und die Flasche Schnaps leert sich in wenigen Minuten. Danach wird getanzt, gesungen und gesprungen – und weiter ausgezogen. Jetzt sind die Hosen dran und die Jungs ziehen auch direkt an meiner Hose. In der Ukraine feiert man schnell, heftig und in Unterhose. Gegenseitig werden sich die Socken von den Füßen gerissen und eine Sockenschlacht veranstaltet. Wilde Spaßrangeleien entstehen und wir toben rum wie kleine Kinder. Arm in Arm taumeln wir durch die Wohnung, ab und zu auch über den Balkon um zu rauchen. Die Feierei geht bis in die frühen Morgenstunden. Bei Sonnenaufgang ruft Genadi an, also der Russe, den ich noch vom letzten Mal kenne und der gerade wieder einmal aus Chernobyl zurückkommt. Auch der stößt nun dazu, ist aber völlig fertig von seiner Tour. Die Jungs kümmern sich direkt um ihn. Richtig fürsorglich. Genadi trinkt noch ein Bier mit uns, legt sich dann aber auf seine Isomatte und schläft direkt ein.

Wir landen aber auch kurze Zeit später im Bett. Heute zu Viert. Aber in dem Zustand auch egal, denn wir schlafen alle ziemlich schnell ein. Ein toller Abend. Und eine tolle Geburtstagsparty für Yaro, der sichtlich seinen Spaß hatte.

Gegen 14 Uhr werde ich wach. Die anderen schlafen noch und so muss ich mich erst einmal aus den zahlreichen Beinen und Armen im Bett entknoten, was gar nicht so einfach ist. Wach wird jedoch niemand der anderen davon. Erst einmal suche ich mir etwas zu trinken. Habe ich einen Nachdurst. Und Pizza liegt auch noch herum. Frühstück gesichert. Eine Dusche gibt es hier in den wenigsten Wohnungen. Nicht einmal fließend warmes Wasser. Da werden wir uns für den Winter noch etwas einfallen lassen müssen. So ein Warmwasserboiler kann ja nicht so teuer sein. Also bleibt mir jetzt nur eine kurze Katzenwäsche und Deo. Mit einem Kaffee in der Hand stelle ich mich schließlich auf den Balkon. Die Sonne brennt. Als ich das Zimmer wieder betrete, werden die anderen auch gerade wach und entknoten sich. Dennoch liegen wir noch eine ganze Zeitlang auf dem Bett herum, bevor wir endgültig aufstehen. 18 Uhr mittlerweile. Was für ein Pumakäfig hier. Hitze, Schweiß, Alkohol. Wir beschließen noch etwas an die frische Luft und einkaufen zu gehen. Aber vorher beginnt ein wahrer Klamottentausch, den ich so noch nie erlebt habe. Das ist hier in diesen Ländern einfach üblich und völlig normal. Genauso wie es normal ist, dass Yaro seinen Freunden das Bett zur Verfügung stellt. Denn niemand von ihnen hat zuhause ein Bett, maximal eine alte Matratze auf dem Boden liegen. Während Yaro sich mein T-Shirt von gestern überzieht, welches nach dem heißen Tag gestern eigentlich bis zum Himmel stinken müsste, zieht Maxim meine miefenden Socken von gestern an. Er mag diese Socken und ich schenke sie ihm, genau wie ich Yaro das T-Shirt schenke, welches er nun trägt. Dafür wirft mir Yaro seine ehemals weißen Socken zu, welche er in den letzten Tagen getragen hat. *„Für dich"*, meint er und ist sichtlich stolz darauf, mir auch etwas zu schenken. Da kann ich nicht ablehnen und ziehe sie an. Das T-Shirt, welches ich Yaro gestern geschenkt habe bekommt nun Maxim, der es für ein paar Tage tragen darf. Vady zieht sich das T-Shirt über, welches Yaro gestern getragen hat und ich bekomme das T-Shirt von Maxim zugeworfen. Aber damit nicht genug. Vady hat sich offensichtlich in meine Boxershorts verliebt. So eine Markenboxer kann sich hier niemand leisten, höchstens als Fälschung, die aber dann nach kurzer Zeit verschlissen ist. Er zupft einige Male an meiner Boxershorts herum, bis ich verstehe, dass er sie wirklich haben will. *„Jetzt mach schon"*, lacht Yaro und schaut mich an. Ich muss ebenfalls lachen. Nun zieht Vady seine Unterhose komplett aus, wirft sie zu Yaro, der sie dann direkt an Maxim weiterleitet. Maxim wirft sie mir zu und das wird mir ja schon etwas zu bunt gerade. Aber ich erkenne auch meine ausweglose Situation und ziehe schließlich meine Boxer ebenfalls aus, werfe sie aber erstmal pfeilschnell zu Yaro. Auch meine Unterhose macht somit die Runde und landet schließlich bei Vady, der sich das Teil nun überzieht und stolzer Besitzer einer Markenboxer ist, direkt mal ein paar Bilder vor dem Spiegel schießt. Gleichzeitig verspricht er Yaro, dass er das Teil beim nächsten Mal wieder mitbringen wird, damit auch Yaro mal in den Genuss kommt diese Boxershorts zu tragen. Fast unglaublich, wie unkompliziert die hier alle sind. Und fast schon schwierig, so etwas in der Heimat zu erzählen, ohne auf dumme Kommentare zu stoßen. Andere Länder – andere Sitten. Das versteht man nicht, wenn man nicht weiß, wie die Leute hier so ticken. Ich hole mir jedenfalls gerade eine frische Boxershorts aus meinem Gepäck, als Vady ziemlich enttäuscht zu mir rüber schaut. Er zeigt auf seine Unterhose, welche vor uns auf dem Boden liegt und meint, die könnte ich doch anziehen, er bräuchte sie ja nun nicht. Ganz wohl ist mir nicht dabei, aber ich werde es schon überleben und ziehe mir das Teil über. Genadi, der Russe, schläft immer noch und bekommt von dem ganzen Trubel nichts mit.

Wir laufen schließlich los zur nächsten größeren Bushaltestelle und fahren zu einem kleineren Einkaufszentrum. Hier schlendern und albern wir etwas herum, kaufen uns Bier und fahren wieder zurück zur Wohnung. Genadi ist mittlerweile auch erwacht und sortiert seine Klamotten. Er setzt sich an Yaros Computer und wertet seine Bilder und Videos aus, damit er sie in den nächsten Tagen online stellen kann. Das ist sein Geschäft. Damit verdient er sein Geld. Wir bestellen uns noch etwas zu essen und nachdem wir ordentlich geschlemmt haben ist auch Genadi am Computer fertig und startet ein Karaoke-Programm. Wir geben wieder alles und der Abend endet einmal öfter feuchtfröhlich. Erst spät in der Nacht fallen wir wieder ins Bett, Genadi auf seine Isomatte und wir schlafen alle schnell ein.

Wieder einmal ist es mein Wecker, der mich aus dem Schlaf reißt. Und wieder einmal für einen bevorstehenden Flug. Denn heute geht es schon wieder nach Hause.

Um 9 Uhr entknote ich mich wieder von den anderen, welche alle kreuz und quer im Bett liegen. Anschließend packe ich meine Sachen und schaffe es Yaro kurz aufzuwecken. Auch Genadi wird kurz wach, erkennt die nun frei gewordene Stelle im Bett, steht von seiner Isomatte auf und nimmt nun meinen Platz im Bett ein, quetscht sich zwischen die anderen, was aber vermutlich immer noch gemütlicher ist, als auf der Isomatte zu liegen. Yaro und ich umarmen und verabschieden uns. Wieder fängt Yaro an zu weinen und auch ich kann mir ein kleines Tränchen nicht verkneifen. Ein tolles Gefühl, wenn man einen Menschen glücklich machen kann. Mit kleinen Mitteln. Dann schließt Yaro die Türen ab und haut sich wieder ins Bett. Ich fahre mit dem Fahrstuhl runter, schleppe mein Gepäck bis zur Straße und erwische ein Auto, welches mich bis zur Metrostation Darnytsia mitnimmt. Dort drücke ich dem Fahrer ein paar Scheine in die Hand und der ist mehr als glücklich darüber. Ich fahre nun mit der Metro über den Fluss bis zur Universität. Hier gönne ich mir ein kleines Frühstück, anschließend bestelle ich mir per App ein Taxi und fahre weiter zum Flughafen Schuljany, der zwar viel zentraler liegt, als der größere Flughafen Boryspil, aber dennoch weiter von Yaros Wohnung entfernt ist. Ich erreiche den Flughafen gegen 11 Uhr Ortszeit und habe alle Zeit der Welt für die umfangreichen Kontrollen zu Corona-Zeiten. Und danach ist dann wieder überall Maskenpflicht. Gar nicht mehr gewohnt.

Und so lautet wenige Stunden später zuhause auch die erste Frage: „Hast du dich schon testen lassen?". Stimmt. Da war ja was. Corona. Völlig verdrängt. Also fahre ich nochmal kurz in die Stadt und lasse einen Schnelltest machen. Ich bin zwar komplett geimpft, aber sicher ist sicher. Das Testergebnis ist negativ, also alles Bestens.

Bis ich meine Taschen aus- und die Waschmaschine vollgepackt habe vergeht einige Zeit, so dass ich erst spät ins Bett komme.

Vorher dusche ich noch – endlich mal wieder. Doch nach nur wenigen Stunden klingelt mal wieder mein Wecker. Aber heute geht es nicht zum Flughafen. Heute geht es wieder zur Arbeit. Alles wieder nach Plan. Ein grandioser Urlaub ist vorbei. Keine Füße oder Arme von anderen Typen im Gesicht beim Aufwachen. Kein Bier zum Frühstück. Dafür mit Maske. Zurück im Alltag.

GEGENSÄTZE IN DNIPROPETROWSK

An einem verkaterten Septembersonntag mache ich mich um 12:30 Uhr auf den Weg zum kleinen Regionalflughafen um die Ecke. Hier ist alles ganz entspannt wie immer. Und ich bin noch in einer ganz anderen Welt. Der gestrige Abend ging länger als geplant. Ich bin ziemlich müde. Restalkohol. Zum Glück startet der Flieger pünktlich und gegen 20 Uhr Ortszeit erreichen wir den Flughafen Boryspil in Kyiv. Erst einmal brauche ich eine Zigarette. So ganz klar bin ich immer noch nicht und eigentlich freue ich mich nur aufs Bett. Doch dafür muss ich zunächst zum Flughafenbahnhof laufen. Hier besorge ich mir eine Fahrkarte und steige in den Zug, welcher mich bis zur Station Darnytsia bringen soll. Dann wäre ich schon mal in der Nähe der Wohnung. Der Zug ist überfüllt und ich bekomme nur einen Stehplatz direkt an der Tür. Während ich mich anlehne nicke ich immer wieder ein. Die Fahrt bis Darnytsia dauert zum Glück nicht ganz so lange und wir rollen langsam in den Bahnhof ein. Eigentlich müsste ich nur noch den Türknopf drücken und aussteigen, doch genau in diesem Moment fallen meine Augen wieder zu. Als ich sie wieder öffne fährt der Zug gerade wieder los. Das ist nicht wahr, oder? Habe ich jetzt den Ausstieg verpasst? Verschlafen? Tatsächlich. Was bin ich noch neben der Spur. Also bleibt mir nichts anderes übrig, als bis zur nächsten Station mitzufahren. Ich zücke mein Handy und stelle fest, dass sich diese Station erst auf der anderen Uferseite des Dnjepr befindet. Was für ein Umweg. Und während ich so auf mein Handy schaue kommt ein Chinese auf mich zu und fragt, wann wir denn in Darnytsia halten würden. Hat gestern scheinbar genauso viel getrunken wie ich. An der nächsten Station steigen wir beide aus. Während er sich dafür entscheidet hier den nächsten Zug in Gegenrichtung zu nehmen, laufe ich rüber zur Metro. Zum Glück gibt es hier eine Station. Doch um die zu finden, muss ich erst einmal durch dunkle Gassen und über einen ziemlich unheimlichen Markt laufen. Überall stehen kleine, wild zusammen gezimmerte Hütten, die kaum beleuchtet sind. Dunkle Gestalten stehen rauchend davor. Aber ich bin hier in der Ukraine und fühle mich sicher. Angst habe ich nicht. Nur Verzweiflung, weil die Metrostation nicht auftaucht. Erst, nachdem ich den kompletten Weg wieder zurückgelaufen bin finde ich ganz am Anfang die Station. Ich hätte mir also die dunklen Gassen und den mysteriösen Markt ersparen können.

Unten in der Metrostation angekommen versuche ich die kyrillische Schrift zu entziffern, um in die richtige Richtung zu fahren. Nach ein paar Stationen entlang des Dnjepr muss ich umsteigen, mit einer anderen Metro den Fluss überqueren und in Richtung Osten fahren. Der Zug kommt und ist brechend voll. Wieder einmal stehe ich an der Tür. Hier sehe ich keine Anzeige und höre auch keine Durchsagen. Yaro schreibt mir, ob alles in Ordnung ist und wo ich bleibe. Ich berichte ihm von meinem Malheur in Darnytsia nicht ausgestiegen zu sein, aber auch, dass ich jetzt in der Metro und auf dem Weg zu ihm bin. An der nächsten Station versuche ich herauszufinden, wie viele Stationen ich bis zum Umstieg noch fahren muss. Doch diese Station hier liegt gar nicht auf meiner Route. Unglaublich. Da bin ich auch noch in die falsche Richtung eingestiegen. Das läuft ja heute. Der Zug rollt bereits wieder und ich warte sehnsüchtig auf die kommende Station. Hier steige ich aus, laufe zum Bahnsteig gegenüber und warte auf den nächsten Zug in Gegenrichtung. Der kommt zum Glück ziemlich schnell. Weiter geht die Reise. Diesmal in die richtige Richtung. Jetzt darf ich nur den Umstieg nicht verpassen. Acht Stationen bis dahin. Wenigstens habe ich einen Sitzplatz. Und ich zähle fleißig mit. Nach der siebten Station stehe ich auf und laufe zur Tür. Dabei sehe ich auf der Anzeige, dass dort eine ganz andere Station steht, als die, die ich mir zum Umstieg gemerkt hatte. Ich schaue auf den Metroplan, der an der Decke klebt. Nein, oder? Ich hätte schon nach sieben Stationen aussteigen müssen, also gerade eben, hab mich wohl verzählt. Ist das alles unfassbar. Bin ich verpeilt heute. Yaro schreibt, wo ich denn jetzt bleibe. Ich teile ihm mein Missgeschick mit und er empfiehlt mir direkt auszusteigen und ein Taxi zu nehmen. Doch jetzt ist mein Ehrgeiz geweckt. Eigentlich kommt hier alle ein bis zwei Minuten eine Station. Aber genau jetzt fährt der Zug einfach zehn Minuten lang ohne anzuhalten. Zehn Minuten, die ich gleich auch noch wieder zurückmuss. Nach diesen endlosen Minuten steige ich dann endlich an der achten Station aus, wechsle mal wieder den Bahnsteig und warte auf den Zug in Gegenrichtung. Während die Metro hier tagsüber fast im Minutentakt fährt, passiert hier heute Abend um diese Zeit erst einmal gar nichts. Ich warte eine gefühlte Ewigkeit. Und dann kommt der Zug endlich angerauscht. Ich bin so müde. So kaputt. Will einfach nur noch ins Bett. Zum Glück ist wieder ein Sitzplatz frei. Grundsätzlich bleibt man ja in ukrainischen Metros und Bussen stehen, falls Babuschkas zusteigen, damit sie sich setzen können. Aber die liegen um diese Zeit schon alle im Bett. Ich sitze. Und ich muss ja nur bis zur nächsten Station. Doch die Fahrt dauert wieder zehn Minuten. Meine Augen kann ich kaum noch offenhalten. Für einen kurzen

Moment fallen sie mir zu. Als ich sie wieder öffne, fährt der Zug gerade an. Und zwar an der Station, an der ich hätte aussteigen müssen. Ich fasse es nicht, befinde mich hier in einer Endlosschleife. Prompt stehe ich auf, stelle mich direkt an die Tür, ziehe mein Handy und lese etwas, bevor ich wieder einschlafe. Nächste Station. Ich steige aus, in Gegenrichtung in den nächsten Zug wieder ein. Natürlich bleibe ich stehen. Den nächsten Stopp darf ich nicht verschlafen. Das glaubt mir doch kein Mensch. Und Yaro verzweifelt gerade an mir. Ich selbst auch.

Tatsächlich schaffe ich an der nächsten und richtigen Station den Ausstieg. Hier muss ich ein paar Minuten unter Tage laufen, um zur nächsten Metro zu gelangen, welche mich nun endlich ostwärts über den Fluss bringen soll. Und diesmal erwische ich auch den richtigen Zug. Das Gute ist, ich muss bis zur Endstation fahren, kann also nicht verschlafen. Von dort muss ich nur noch an ein paar Wohnblocks vorbeilaufen und ich bin endlich an der Wohnung. Wir überqueren den Fluss und erreichen die Stadtteile, wo die meisten Einheimischen wohnen. Plattenbauten überall. Ich schreibe Yaro, dass ich gleich da bin. Und dann ist drei Stationen vor der Endstation plötzlich Schluss. Heute endet der Zug schon hier. Ich fass es nicht. Da stehe ich schon wieder irgendwo in Kyiv. Ich gehe nach draußen und entdecke einen Supermarkt. Hier gehe ich jetzt erst einmal einkaufen. Bier und ein paar Knabbereien. Draußen bestelle ich mir dann tatsächlich per App ein Taxi, welches mich die letzten fünf Kilometer zur Wohnung bringt. Und dann bin ich endlich da. Kurz nach Mitternacht. Unfassbar. Vor mehr als vier Stunden bin ich gelandet und seitdem kreuz und quer durch die Stadt gefahren.

Yaro begrüßt mich freundlich. Und kopfschüttelnd. Verständlich. Er hat sogar extra Bier gekauft zur Begrüßung. Genau wie ich. Also haben wir genug und setzen uns gemütlich an den Küchentisch. Wir bestellen uns noch frischen Borschtsch zum Löffeln, plaudern und trinken anschließend so lange, bis die Sonne schon wieder aufgeht. Plötzlich bin ich nicht mehr müde. Das Bier hat mich längst zurück ins Leben geholt. Erst um 7 Uhr morgens legen wir uns schlafen.

Der Montagmorgen beginnt für uns um 16 Uhr. Als wir aufwachen, sind wir schweißgebadet. Die Sonne knallt ordentlich heute. Von angehendem Herbst keine Spur. 38 Grad draußen. Hier im Zimmer deutlich mehr. Kaffee und Zigarette auf dem Balkon zum Frühstück sorgen auch nicht für Abkühlung. Heute kommt uns ein Kanadier besuchen. Ein Extremsportler, wie Yaro. Und in der Szene kennt man sich. Zumindest virtuell. Und der Kanadier hat beschlossen eine Reise in die Ukraine zu unternehmen, wird die ersten Nächte zum Eingewöhnen hier bei uns übernachten. Auf der Küchenbank. Oder auf dem Boden. Zu dritt im Bett wäre bei den Temperaturen alles andere als angenehm. Aber erst einmal bestellen wir uns etwas zu Essen. Frittierte Hähnchen mit Stampfkartoffeln. Also der Lieferdienst hier ist wirklich gut und zu empfehlen. Das Essen kommt immer schnell und ist lecker. Bestellen und bezahlen geht alles problemlos per App.

Anschließend brechen wir auf und fahren mit dem Bus zum nächsten größeren Einkaufszentrum. Hier schlendern wir durch verschiedenste Geschäfte und ich staune immer wieder über die Angebotsvielfalt und die Preise hier. Damit der Kanadier nachher nicht verhungert und verdurstet besorgen wir noch etwas zu Essen und reichlich Bier. Und einen ukrainischen Wodka. Maxim, also Yaros bester Freund, hat sich auch für heute Abend angekündigt. Ich freue mich schon ihn wiederzusehen.

Da der richtige Bus auf sich warten lässt, fahren wir mit einem anderen Bus zurück. Damit kommen wir nicht ganz bis zur Wohnung, aber zumindest bis in die Nähe. Den Rest laufen wir und kommen an einem kleinen Supermarkt vorbei. Yaro und ich schauen uns an. Nichtssagend sind wir uns einig und betreten den Laden, kaufen noch mehr Bier in 1,75-Liter-Flaschen. Sind das riesige Teile. Die ältere Frau an der Kasse bemerkt direkt, dass ich ihre Sprache nicht spreche. Yaro erklärt ihr, dass ich ein Freund aus Deutschland bin und die gute Frau verneigt sich, gibt mir die Hand, lächelt und bringt stolz ein *„Guten Abend"* über ihre Lippen. Die Menschen hier sind einfach alle so unfassbar freundlich. Wir verlassen den Laden wieder und haben jetzt ordentlich zu schleppen.

Gegen 22 Uhr sind wir zurück. Vor der Haustür wartet bereits Jack, der Kanadier. Nach einer freundlichen Begrüßung begeben wir uns in die Wohnung. Nur wenige Minuten später taucht auch Maxim auf. Wir kochen Reis mit Gemüse, braten Fleisch, dazu gibt es frisches Brot und reichlich Bier aus den Riesenflaschen. Natürlich darf der ein oder andere Wodka zwischendurch nicht fehlen.

46

Und plötzlich wird es schon wieder hell draußen. Maxim und Yaro legen sich ins Bett. Damit die beiden etwas schlafen können, beschließen Jack und ich an die frische Luft zu gehen. Doch die ist bei den Temperaturen nicht wirklich frisch. Wir wollen in den Westen der Stadt, um uns dort ein paar Sehenswürdigkeiten anzuschauen. Zunächst fahren wir mit der Metro bis zur Universität und steigen dort in einen Kleinbus um. Geschlafen haben wir beide noch nicht. Bei der stickigen Luft im Bus fallen uns aber jetzt die Augen zu. Als wir wieder aufwachen, haben wir unser eigentliches Ziel längst verpasst und befinden uns an der Endstation im Vorort Irpin. Alle aussteigen. Ganz toll. Verwirrt und vom Kater geplagt stehen wir vor dem kleinen und feinen Bahnhof. Ruhige Vorstadtkulisse. Die Einheimischen wirken gemütlich und zufrieden. Wir irren etwas herum und landen auf dem großen Marktplatz, wo kleine Kinder glücklich an einem Springbrunnen spielen. Ich schieße gerade ein paar Bilder, als einer der Einwohner auf uns zukommt. Habe ich etwa verbotenerweise etwas fotografiert? Nein. Er fragt uns einfach nur wo wir herkommen und dann spricht derjenige tatsächlich etwas Deutsch. Er lädt uns direkt auf einen Kaffee ein. Und da ist sie wieder, diese typisch freundliche ukrainische Art. Ich mag die Menschen hier. Und irgendwie mag ich auch diesen beschaulichen Vorort.

Jack und ich schlendern noch etwas herum und finden ein kleines Restaurant, wo wir gemütlich frühstücken. Anschließend fahren wir zurück zu Yaros Wohnung, wo wir gegen 14 Uhr ankommen.

Yaro und Maxim sind auch gerade wieder wach, konnten bei der Hitze nicht länger schlafen. Und Yaro schreibt ganz wild Nachrichten auf seinem Handy. Schließlich berichtet er ganz stolz, dass gleich ein Mädchen zu Besuch kommt. Er hatte noch nie ein richtiges Date, Sex auch noch nicht, aber heute soll der große Tag sein. Ganz nervös bittet mich Yaro um Ratschläge und er möchte alles richtig machen. Maxim sieht das entspannt, da er sich ständig mit irgendwelchen Mädels trifft. Er beschließt mit Jack, dass die beiden heute zum Sonnenuntergang auf die große Brücke klettern werden. Ich erinnere mich an diese grandiose Brücke, welche ich mir im letzten Jahr bereits angesehen habe – aber im Gegensatz zu meinen damaligen Begleitern nicht hochgeklettert bin.

Yaro und ich begleiten die Beiden nach draußen und gehen kurz in den Supermarkt nebenan. Wein wird gekauft, Knabberkram und natürlich eine Packung Kondome. Und Bier für mich. Anschließend sind wir kaum zurück im Appartement, als es auch schon an der Tür klingelt. Das Mädel ist da und ich entscheide mich für einen Spaziergang, doch Yaro meint, ich könnte doch solange auf dem Balkon sitzen und Bier trinken. Keine schlechte Idee. So sitze ich gemütlich auf dem Balkon, sortiere meine Bilder des Tages, während Yaro auf der anderen Seite der Balkontür sein erstes Mal erlebt.

Nach nur einer halben Stunde sind die beiden fertig und kommen zu mir auf den Balkon. Sie wollen noch in die Stadt fahren und das passt mir sehr gut, da ich für heute Abend auch schon einen Plan habe. Im Stadtteil Obolon spielt der dort beheimatete

Fußballclub im ukrainischen Pokal gegen den FC Polissya Zhytomir. Das Stadion und das Spiel will ich mir ansehen und so packen Yaro, das Mädel und ich unsere Sachen und verlassen gegen 17 Uhr das Haus. Mit dem Bus fahren wir das kurze Stück bis zur nächsten Metrostation und von hier mit der Metro ins Zentrum bis zum Maidan. Hier verabschiede ich mich von den beiden und verschwinde wieder im Untergrund, steige in die nächste Metro ein. Diese bringt mich in den äußersten Norden der Stadt. Von der Station aus laufe ich quer über einen typisch ukrainischen Busbahnhof und durchquere anschließend einen Park. Auf der anderen Seite des Parks sehe ich schon die riesigen Flutlichtmasten, welche zur Obolon-Arena gehören. Das Stadion liegt mitten in einem Wohngebiet zwischen Plattenbauten. Die riesige Mauer um das Stadion herum sieht sehr alt aus, doch der Schein trügt, denn das Stadion selbst wurde erst im Jahr 2002 eröffnet. Insgesamt passen 5.100 Zuschauer auf die beiden Tribünen. Der hier beheimatete Zweitligist FC Obolon Kyiv ist auch noch relativ jung und wurde im Jahr 1992 von Schülern einer benachbarten Sportschule gegründet. Innerhalb von nur drei Jahren wurde aus dem Amateurclub ein Profiverein und man fand sich in der zweiten ukrainischen Liga wieder. Im Jahr 2002 gelang zum ersten Mal der Aufstieg in die Erste Liga, in der man sich drei Jahre lang halten konnte. Der Wiederaufstieg gelang im Jahr 2009 und hielt wieder für drei Jahre an. Nach dem Abstieg wurde einer der Torhüter verkauft, jedoch ohne Zustimmung des Hauptsponsors. Das verärgerte den Hauptsponsor derart, dass er mit sofortiger Wirkung ausstieg. Der Club stand plötzlich ohne finanzielle Mittel da. Der Verband entzog dem Club noch während der Winterpause

2012/2013 die Lizenz. Der Spielbetrieb musste mit sofortiger Wirkung eingestellt, der Verein aufgelöst werden.

Bereits im Frühjahr 2013 kaufte die heimische Brauerei Obolon alle Restbestände des Vereins inklusive des Stadions auf und gründete einen neuen Fußballclub unter gleichem Namen. Alles war neu, Spieler, Trainer, Chefs, Mitarbeiter und die Fans hatten Sorge, dass der neue Club nur ein Spielzeug der Brauerei sein könnte. Man bat den neuen Besitzer, dass die Logos und Symbole sowie die Vereinsfarben erhalten blieben und man wurde erhört. Gleichzeitig wurde ein Antrag an den Verband geschickt, dass man direkt in der Zweiten Liga starten dürfe. Dieser Antrag wurde angenommen und nur ein halbes Jahr nach der offiziellen Auflösung des Vereins ging der FC Obolon Kyiv zur Saison 2013/14 in der Zweiten Liga wieder an den Start. Bereits zwei Jahre später gelang der Aufstieg in Liga Eins, in der man sich bis zum Ende der letzten Saison halten konnte.

Heute spielt man in der zweiten Runde des Ukrainian Cup gegen den Zweitligisten FC Polissya Zhytomir aus dem Nordwesten der Ukraine. Ich finde ein Kassenhäuschen, welches quasi in der alten Mauer rund um das Stadion integriert ist. Für umgerechnet etwa zwei Euro ergattere ich mir ein Ticket, nur einen Eingang gibt es hier nicht. Ich folge ein paar heimischen Fans, welche nun über einen schmalen Pfad balancieren. Wir kämpfen uns durch Sträucher und Gebüsch und erreichen schließlich eine kleine Straße. Von hier aus haben wir Zugang auf die andere Seite des Stadions und hier gibt es tatsächlich auch einen Eingang. Die Kontrollen gehen ziemlich fix und während die vorderen Blöcke der Tribüne hier ziemlich voll sind, sind die letzten beiden Blöcke leer. Doch zunächst erspähe ich den Kiosk unter der Tribüne, wo es frisch Gezapftes gibt. Ein halber Liter für 80 Cent. Ein Traum. Mit einem frischen Bier in der Hand nehme ich in einem der leeren Blöcke Platz und kann von hier das gesamte Stadion überblicken. Hinter der gegenüberliegenden Tribüne ragt ein uralter Bau, der als Gymnasium dient, in den Himmel, daneben reihen sich die Plattenbauten aneinander.

Mittlerweile füllen sich die Reihen vor mit ein paar Jugendlichen. Die sprechen mich direkt an und wollen mit mir reden. Sie sind sogar begeistert, dass sich ein Deutscher in ihr Stadion verirrt hat und bitten mich ihr Gast zu sein. Die Jungs haben alle nicht viel Geld, laufen teilweise in verschlissenen Klamotten herum, aber man lässt es sich nicht nehmen mich mit Bier zu versorgen. Tolle Menschen hier.

Im Spiel selbst passiert nicht viel. Die Gäste wirken motivierter, aber Obolon kommt zu den gefährlicheren Szenen. Ein Tor fällt bis zur Halbzeit allerdings nicht. Also gehe ich mit den Jungs noch einmal zum Kiosk und wir holen uns frisches Bier. Nach der Pause nimmt das Spiel dann etwas mehr an Fahrt auf. Die Gastgeber machen immer mehr Druck und wechseln in der 64. Minute einen frischen Stürmer ein. Und genau der trifft nicht einmal eine Minute nach seiner Einwechslung. 1:0. Die Jungs um mich herum jubeln. Anschließend wird auf beiden Seiten noch mehrmals gewechselt. Ein richtiges Spiel kommt gar nicht mehr zustande. Ganze sechs Minuten Nachspielzeit werden angezeigt, doch am Ende bleibt es beim 1:0.

Ich verlasse das Stadion. Mittlerweile ist es stockdunkel draußen und ich bahne mir wieder einen Weg über den schmalen Pfad am Stadion vorbei, anschließend durch den dunklen Park und ich bin froh, als ich den Busbahnhof erreiche. Hier hole ich mir an einem Kiosk noch eine Kleinigkeit zu essen, anschließend fahre ich mit der Metro zurück in die Stadt.

Gegen 22 Uhr stehe ich auf dem Maidan und bin direkt beeindruckt. Während hier letztes Jahr noch alles ziemlich trostlos und Coronabedingt Menschenleer war, spielt hier heute Abend das Leben. Alles ist hell erleuchtet, Musik schallt über den riesigen Platz, passend dazu gibt es zahlreiche Springbrunnen, welche das Wasser in verschiedensten Farben beleuchtet und passend zum Takt der Musik in den Nachthimmel befördern. Überall sitzen und stehen Menschen. Sie unterhalten sich, sind fröhlich und feiern – ich bin fasziniert. Und man kommt direkt mit den Menschen hier ins Gespräch. Und das nicht, weil sie einen abziehen wollen, sondern weil sie offen und freundlich sind. Ich genieße diese Momente in der Ukraine. Und ich erinnere mich, dass auf diesem Platz hier vor wenigen Jahren noch Menschen gestorben sind, weil sie für ihr Heimatland gekämpft haben, den Weg in Richtung Europäische Union gehen wollten. Sie haben gekämpft, weil Russland in die Ukraine einmarschierte, den Osten für sich beanspruchte, die Krim an sich zog. Die Menschen hier wollten ihr Heimatland nicht verlieren. Und dieser Krieg dauert immer noch an. Hier in diesem Land. Nur wenige hundert Kilometer entfernt. Das ist so traurig. Und hier spielt gerade das Leben. Denn das lassen sich die Ukrainer nicht nehmen. Und das ist schön zu sehen.

Ich hatte mit Yaro vereinbart, dass ich ihn anrufe, sobald ich wieder hier bin. Während ich hoffe, dass ich ihn nicht gerade bei seinem Date störe, wähle ich seine Nummer. Und tatsächlich geht er direkt ran. Er nennt mir einen Treffpunkt in der Nähe, wo ich hinkommen soll. Die Stelle kenne ich, doch ich laufe prompt falsch und irre etwas durch die Gegend. Erst nach ein paar Telefonaten mit Yaro erwische ich die richtige Seitenstraße und treffe ihn. Sein Date sitzt noch oben auf einem Dach und ich soll noch eben mit hochkommen. Ich bin skeptisch, ob ich mit meiner Fitness und bei der Dunkelheit bis auf ein Dach komme. Doch Yaro meint, wenn sein weibliches Date das geschafft hat, dann wäre das für mich überhaupt kein Problem. Und tatsächlich komme ich problem- und gefahrlos bis ganz nach oben. Da hat er sich wirklich ein romantisches Plätzchen ausgesucht. Von hier überblickt man die Lichter der Stadt, die beleuchteten Türme, man sieht die Friedensstatue und man blickt seitlich auf den Maidan – einfach atemberaubend.

Gegen Ein Uhr verlassen wir das Dach. Auf dem Maidan wird immer noch eine Temperatur von 30 Grad angezeigt. Das kühlt selbst nachts nicht mehr richtig ab hier. Yaros Date verabschiedet sich von uns und fährt mit der Metro nach Hause. Yaro und ich steigen in die entgegengesetzte Metro ein und fahren auch zurück, steigen aber ein paar Stationen vor unserem Ziel aus. Denn hier gibt es einen Fastfoodladen und darauf haben wir beide gerade Lust. Wir schlemmen genüsslich, bevor wir den restlichen Weg hinter uns legen und gegen 2:30 Uhr am Appartement sind. Jack, der solange mit Maxim unterwegs war, wartet bereits vor der Tür und freut sich endlich hineingelassen zu werden. Anschließend legen wir uns auch direkt schlafen.

Vier Stunden später. Meine Nacht ist um 6:30 Uhr schon wieder vorbei. Mein Wecker klingelt und ich habe bis morgen einen Ausflug in die Großstadt Dnipropetrowsk geplant. Eine Stadt, über die ich schon viel gehört habe. Heute möchte ich sie mir mal ansehen.

Um 7 Uhr steige ich in das per App bestellte Taxi und fahre zum Bahnhof Darnytsia. Diesmal ohne Umwege. Hier kaufe ich mir ein Ticket für den Zug und fahre zum Flughafen Boryspil, wo ich in Ruhe frühstücke. Um 10:20 Uhr geht mein Flieger. Die Route führt uns entlang des Dnjepr in Richtung Südosten. Nach einer Stunde Flugzeit befinden wir uns im Landeanflug und ich genieße einen tollen Blick über den Fluss Dnjepr unter uns. Fast scheint es so, als würden wir im Fluss landen, aber die Landebahn befindet sich direkt hinter dem Ufer.

Willkommen in Dnipropetrowsk. Dabei heißt diese Stadt seit 2016 offiziell nicht mehr Dnipropetrowsk, sondern nur noch Dnipro. Grundsätzlich findet man aber auch heute noch überall in der Stadt die alte Bezeichnung. Grund für die Änderung war ein neues Gesetz zum Verbot von kommunistischer und nationalsozialistischer Propaganda, welches sich auch auf propagandistisch belastete Städtenamen bezog. Und da sich der Anhang „Petrowsk" auf den ehemaligen Vorsitzenden des Obersten Sowjets bezog, wurde eben dieser Anhang gestrichen und die Stadt in Dnipro umbenannt.

Die Stadt selbst ist relativ jung und wurde erst im Jahr 1768 unter dem Namen Jekaterinoslaw gegründet. Der Name bezog sich auf die Gründerin der Stadt. Zwischendurch benannte man die Stadt immer mal wieder um. Für fünf Jahre in Noworossijsk, da diese Stadt für ein neues Russland in diesem Gebiet stehen sollte. Dann für ein Jahr in Sitscheslaw, was zu Ehren der Kosaken geschah. Anschließend für acht Jahre in Katerinoslav, was wieder eine Ehrung für die Stadtgründerin war. Danach für ein Jahr in Krasdnniprowsk, was auf die Farbe Rot als Symbol für den Kommunismus stand. Schließlich entstand im Jahr 1926 der Name Dnipropetrowsk. Die Umbenennung der Stadt war aber nur der Anfang vom nun folgenden Elend. Die Sowjetunion wollte mit aller Macht die Herrschaft auf ukrainischem Gebiet festigen. Man verfolgte das politische Ziel, den ukrainischen Freiheitswillen zu unterdrücken. So wurden zwischen 1926 und 1932 in dieser Region etwa 10.000 Gebildete ermordet. Alleine im Jahr 1931 wurden mehr als 50.000 Intellektuelle aus der Region nach Sibirien deportiert, darunter die wichtigsten Dichter, Schriftsteller und Künstler der Stadt. Anschließend wandte man sich gegen die Bauernschaft, die sich weiterhin hartnäckig der Russifizierung widersetzte. Ziel war es, dass von der ukrainischen Kultur nichts übrigbleiben und nur noch sowjetische Kultur existieren sollte. Man nahm den Bauern alle Ernteeinnahmen weg und verkaufte diese auf dem Weltmarkt. Das Geld gab man für Rüstung aus. Somit entstand im Jahr 1933 der sogenannte Holodomor, zu Deutsch: Tötung durch Hunger. Denn ohne Ernte hatte man auch nichts mehr zu essen. Zu dieser Zeit erreichte der Kannibalismus in Dnipropetrowsk ein erschreckendes Ausmaß. Am Ende verhungerten durch den Holodomor etwa sieben Millionen Menschen.

Nur wenige Jahre später marschierte die deutsche Wehrmacht ein. Alleine am 13. Oktober 1941, an nur einem einzigen Tag, wurden 11.000 Juden erschossen. Eine unglaubliche Zahl. Weitere 10.000 jüdische Einwohner ließ man systematisch verhungern, indem man ihnen die Lebensmittelkarten verweigerte. Ein unglaublich schwarzer Teil der Geschichte, der niemals in Vergessenheit geraten darf!

Die Stadt erlitt sowohl durch die deutsche Wehrmacht, aber auch von der Roten Armee enorme Zerstörungen.

Nach dem zweiten Weltkrieg wurde diese Stadt zum wichtigsten Zentrum der Sowjetunion für Kernenergie, Waffen- und Raumfahrtindustrie. Gleichzeitig befand sich in dieser Stadt der Standort für Raketenentwicklung. Wegen der ansässigen Rüstungsindustrie wurde diese Stadt mit ihren etwa 1 Millionen Einwohnern zu Sowjetzeiten geschlossen. Man nannte das Stadtgebiet ein administrativ-territoriales Gebilde, was so viel heißt, dass niemand, weder andere Bürger der Sowjetunion und schon gar nicht Ausländer diese Stadt betreten durften. Es bestand Zutrittsverbot. Die Stadt war auf keiner Landkarte verzeichnet und wurde durch Kontrollposten, bewaffneten Sicherheitskräften und hohen Sicherheitszäunen abgeschirmt. Störsender verhinderten Satellitenaufnahmen aus dem All. Auch für die Einheimischen galten starke Beschränkungen und man durfte das Stadtgebiet nicht verlassen. Die Geheimhaltung ging so weit, dass der tatsächliche Wohnort sogar gegenüber Verwandten und Freunden verschleiert werden musste. Selbst Besuche zu Familienereignissen wie Hochzeiten oder Beerdigungen waren nur unter strengsten Auflagen erlaubt. Für diesen Zweck erhielten die Einwohner in ihren Pässen anstelle des

Stadtnamens einen Tarnnamen und eine Tarnadresse eingetragen. Bei Volkszählungen wurden die Einwohner einfach anderen Städten zugerechnet. Auch heute noch gibt es in Russland geschlossene Städte, meist Orte mit Atomindustrie oder Siedlungen mit Militärstützpunkten. Dnipropetrowsk wurde nach Auflösung der Sowjetunion und Zugehörigkeit zur unabhängigen Ukraine Anfang der 1990er Jahre wieder geöffnet. Die Stadt existierte wieder. Ganz offiziell.

Und womit ich nicht gerechnet hätte, diese Stadt pendelt zwischen mediterranem Klima und Steppenklima mit jährlich vielen niederschlagsfreien Monaten. Damit herrscht hier ein ähnliches Klima, wie in der Wüste Nevada oder im nördlichen Kalifornien.

Der Flughafen ist quasi menschenleer. Kein Wunder, denn hier gibt es nur zwei Linienflugverbindungen am Tag, und zwar von und nach Kyiv. Das Gebäude ist ein typisch alter Sowjetbau und riecht auch so. Keine Ahnung warum, aber ich mag diesen Duft, man kann ihn auch nicht beschreiben, man muss ihn erleben. Nach wenigen Schritten habe ich das Gebäude durchquert und stehe nun auf einem riesigen Platz. Doch hier stehen kaum Autos und die paar Menschen, welche soeben mit mir hier angekommen sind, verteilen sich ziemlich schnell. Und dann stehe ich plötzlich alleine hier. Keine Menschen. Keine Autos. Kein Taxi. Jede halbe Stunde soll hier ein Bus fahren, also stelle ich mich an die verlassene Bushaltestelle. Doch auch nach 45 Minuten kommt noch kein Bus und ich glaube auch nicht, dass hier jemals ein Bus kommen wird. Das Bushaltestellenschild ist mittlerweile von Bäumen und Sträuchern zugewachsen. Also laufe ich einfach mal los und suche Zivilisation. Die einzige Straße führt mich an ein paar verlassenen Wohnhäusern vorbei. Auf der rechten Seite erkenne ich ein verlassenes Gebäude, welches vor vielen Jahren wohl mal eine Autovermietung war. Die Sonne brennt. Es riecht nach trockenem Gras. Links von mir ist ein Wald. Ich gehe kurz pinkeln und muss mir keine Sorgen machen erwischt zu werden, denn hier ist weit und breit niemand. Wirklich niemand. Nichts. Dann taucht auf der linken Seite ein Hotel auf. Doch auch das scheint seit vielen Jahren leer zu stehen. Alles zugewachsen. Verlassen. Wo bin ich hier?

Schließlich erreiche ich einen großen und sogar zweispurigen Kreisverkehr. Ich setze mich kurz ins Gras am Straßenrand. Vielleicht kommt ja hier irgendwann ein Taxi oder zumindest irgendein Auto, welches mich die 15 Kilometer in die Stadt bringt. Zum Laufen ist mir das dann doch zu weit. Aber nichts. Hier kommt einfach kein Auto. Und schon gar nicht ein Taxi. Also laufe ich zurück zum Flughafengebäude. Außer einem einzigen Sicherheitsmann kann ich hier niemanden ausmachen. Ich schaue in meine Taxi-App und könnte mir tatsächlich ein Taxi bestellen. Doch das soll erst in über einer Stunde hier sein. Während ich überlege kommt ein älterer Herr mit seinem alten Sowjetauto an mir vorbeigefahren. Er schaut mich mit großen Augen an, bremst, steigt aus und fragt, ob er mich mitnehmen soll. Klar, sofort, in die Stadt. Ich frage gar nicht erst, ob und wieviel Geld er dafür haben möchte. Ich bin froh, dass ich hier jetzt überhaupt wegkomme.

Wir fahren durch Niemandsland, durchqueren ein kleines Dorf, in dem ich keinen einzigen Menschen sehe. Doch dann taucht auf der rechten Seite der riesige Fluss Dnjepr auf. Wir fahren nun am Ufer entlang in die Stadt und dann taucht wirklich so langsam Zivilisation auf. Menschen. Qualmende Autos. Alte Sowjet-LKWs. Standesgemäß habe ich das Dnipropetrowsk-Hotel direkt am Ufer des Flusses gebucht. Ein Hotel aus Sowjetzeiten. Die Einrichtung soll typisch 70er-Jahre sein. Niemals wirklich renoviert. Auch die Möbel wurden nie ersetzt. Eine kleine Zeitreise also. Und tatsächlich, als wir das Hotel erreichen, stehen wir vor einem wuchtigen Bau. Doch mein Fahrer will plötzlich den doppelten Preis, als mein Taxi per App gekostet hätte. Mein Fehler. Ich hätte vorher fragen sollen. Aber per App würde ich jetzt noch am Flughafen stehen und warten. Also alles gut, unter dem Strich habe ich für 25 Minuten Fahrt trotzdem nur etwa vier Euro gezahlt.

In den Hotelfluren ist es dunkel. Alte, staubige Teppiche liegen aus. Die Möbel sind rustikal. Mein Zimmer sieht tatsächlich aus wie eine Zeitreise in die Sowjetunion der Siebziger Jahre. Aber es ist sauber. Und irgendwie auch schön. Gemütlich. Nostalgisch. Doch dafür habe ich jetzt gar keine Zeit, denn ich möchte ja etwas von der Stadt sehen.

14 Uhr mittlerweile. Ich verlasse das Hotel und stehe direkt auf der Uferpromenade. Vor mir befindet sich die Zentralbrücke. Diese ist knapp 1500 Meter lang, 21 Meter breit und führt in den industriellen Teil der Stadt auf der anderen Uferseite. Bereits im 2. Weltkrieg stand hier eine Brücke, welche aber von der Roten Armee zerstört wurde, um der Deutschen Wehrmacht den Weg abzuschneiden. Im Jahr 1944 wurde dann von der Roten Armee an dieser Stelle eine provisorische Holzbrücke errichtet, welche

bis zum Jahr 1966 ihren Dienst erfüllte. Am 5. November 1966 wurde die nun vor mir stehende Brücke eröffnet.

Ich biege rechts ab und folge der Uferpromenade. Hier schlendern die Bewohner der Stadt durch die Sonne, nehmen auf den groß angelegten Rasenflächen Platz und machen Picknick, alle paar Meter werden an kleinen Ständen Cocktails oder Bier angeboten, bunte Graffiti erleuchten die Betonmauern, Angler sitzen geduldig darauf und das sieht schon sehr gemütlich, fast malerisch aus.

Nach knapp zwei Kilometern erreiche ich die Pishokhidnyy Brücke. Dies ist nur eine kleine, aber sehenswerte Brücke. Sie führt zur Klosterinsel, welche sich hier im Fluss Dnjepr befindet. Steile und abgenutzte Treppen führen mich hoch auf die Brücke und ich genieße einen wunderbaren Ausblick über die Stadt und den Fluss. Nach ein paar Minuten befinde ich mich dann auf der Insel, wo mich direkt eine überdimensionale Taras Shevchenko Statue erwartet. Taras Shevchenko war einer der berühmtesten Schriftsteller der Ukraine und man findet in jeder größeren Stadt Denkmäler von ihm. Nach ein paar hundert Metern endet der befestigte Weg und ich stehe mitten in einem Wald. Mühsam gelange hinunter zum Ufer. Nach ein paar Metern kraxle ich wieder hoch und wie aus dem Nichts taucht vor mir ein Vergnügungspark auf. Hier werden so einige Attraktionen für Kinder geboten, verrostete Kinderkarussells ziehen ihre Kreise und tatsächlich befinden sich hier ein paar Einheimische, welche ihren Kindern den Spaß gönnen. Ein seltsamer Anblick. Fast wie in einem alten Film. Alles sieht sehr alt und verlassen aus. Die Buden, die Karussells, wie aus den sechziger Jahren. Aber eben nicht verlassen und tatsächlich in Betrieb.

Ich folge weiter dem sandigen Weg, welcher mich nun wieder durch einen Wald führt. Ich habe fast das Ende der Insel erreicht, als vor mir der riesige Strand auftaucht. Hier gibt es sogar Bierbuden, eine Festivalbühne und tatsächlich ein paar Menschen, welche hier gemütlich in der Sonne liegen oder im Fluss baden. Das andere Ufer ist über einen Kilometer entfernt. Rechts von mir mündet der Fluss Samara in den Dnjepr, links von mir sehe ich die Brücken und quasi direkt über mir eine der bekanntesten und wuchtigsten Brücken der Stadt, die Merefa-Cherson-Brücke, welche nach der Eisenbahnstrecke zwischen den beiden ukrainischen Städten Merefa und Cherson benannt wurde. Baubeginn war im Jahr 1914, Fertigstellung im Jahr 1932. Eine wirklich gewaltige Eisenbahn-Bogenbrücke und mit knapp zwei Kilometern Länge zu Sowjetzeiten die größte Bogenbrücke Europas. Auch diese Brücke wurde zu Kriegszeiten von der eigenen Armee teilweise zerstört, um ein Nachrücken der Besatzer zu verhindern, doch die Deutschen bauten sie noch vor Kriegsende wieder auf.

Während ich die Brücke betrachte, nehme ich am Strand Platz, lasse meine Seele baumeln, meine Füße im Wasser und genieße einfach heute hier zu sein.

Doch dann packt mich wieder der Eifer noch mehr von dieser Stadt sehen zu wollen. Also laufe ich wieder zurück, verlasse die Insel, laufe den steilen Weg hinauf zum Kulturpark, wo sich die Universität und viele Kultureinrichtungen befinden. Aktuell läuft hier gerade ein Konzert von Studenten für Studenten. Hier spielt das Leben. Rechts von mir befindet sich der Wohnkomplex „*Tower*", welches so gar nicht ins alte, sowjetische Stadtbild passt, aber eben für die Modernisierung steht. Der Wohnkomplex besteht aus zwei 126 Meter hohen Wolkenkratzern, welche zum Zeitpunkt ihrer Fertigstellung im Jahr 2005 die höchsten Gebäude der Ukraine waren. Mittlerweile gibt es in Kyiv höhere Gebäude. Diese beiden Kolosse hier haben die Skyline der Stadt maßgeblich verändert und ragen hoch über allem hinaus. Yaro hat sie bereits bestiegen und die Aussicht von den Dachspitzen, wo ukrainische Flaggen wehen, genossen.

Ein paar Meter weiter beginnt eine riesige Flaniermeile. Links und rechts Geschäfte und breite Fußwege, in der Mitte zig Spielgeräte für Kinder und, was mich am meisten beeindruckt, wegen der trockenen Sommer befinden sich hier über allen Fußwegen Wasserleitungen, aus denen Wasser zu Boden gesprüht wird. Ganz hauchzart. Man wird davon nicht nass, aber man spürt eine wirklich angenehme Abkühlung. Richtig toll.

Am Ende der Flaniermeile erreiche in den Soborna-Platz. Und das ist nicht irgendein Platz, sondern mit 120.000 Quadratmetern einer der größten Plätze Europas. Direkt am Anfang steht die im Jahr 1774 fertiggestellte Verklärungskathedrale und damit eines der bedeutendsten Architekturdenkmäler der Ukraine. Läuft man weiter, so begegnet man weitläufigen Parkanlagen, kleine Wälder, viele Spielgeräte für Kinder, daneben so einige historische Gebäude und am Ende des Platzes befindet sich das Historische Museum. Was zunächst langweilig klingt, entpuppt sich dann als wahnsinnig beeindruckendes Gebiet. Denn dies hier ist kein Museum im eigentlichen Sinn. Aber dafür muss man zunächst ein paar Jahre zurückdenken. Als im Jahr 1922 die Sowjetunion gegründet wurde, wurde dieser Teil Russlands dem ukrainischen Teil der Sowjetunion zugesprochen, genau wie die Gebiete Odessa, Mykolaiv, Cherson, Saporischschja, Charkiw, Luhansk, Donetsk und die Krim. So gehörten diese Gebiete auch nach Auflösung der Sowjetunion im Jahr 1991 weiter zur nun eigenständigen Ukraine. Alles war geregelt, die Verträge passend unterschrieben und lange Zeit blieb es ruhig. Doch der jetzige Präsident Russlands meint, dass in genau diesen ukrainischen Gebieten ja überwiegend Menschen mit russischem Blut leben würden und diese hätten das Recht in Russland zu wohnen und von Russland beschützt zu werden. Also erklärte er diese Gebiete im Jahr 2014 zu einem neuen Staat namens Neurussland, der von Moskau aus regiert werden sollte. Doch so einfach war das nicht, denn die Ukraine wehrte sich dagegen. Die Bevölkerung wurde gespalten in Pro-Russland oder eben Pro-Ukraine. Die Maidan-Proteste in Kyiv entstanden und damit auch ein noch heute andauernder Krieg – gerade einmal 150 Kilometer von hier entfernt. Russland hat bereits ein paar Gebiete der Ukraine besetzt, die Krim annektiert und ein Ende des russischen Einmarschs und vor allem ein Ende des Krieges ist nicht in Sicht. Eher im Gegenteil. Und so entstanden im Jahr 2014 auch hier Proteste. Sowohl für die Ukraine, als auch dagegen. Und wie auf dem Maidan in Kyiv kam es auch hier zu schweren Kämpfen, vielen Verletzten und sogar Toten. Ein Teil des damaligen Schlachtfeldes wurde so gelassen. Hier auf diesem Platz. Panzer stehen noch herum, von Schüssen durchsiebte Autos und Militärfahrzeuge, Gebäude mit zahlreichen Einschusslöchern sowie komplett zerstörte Gebäude. Daneben hängen die Bilder von den Schlachten und man sieht, dass hier nichts nachgestellt wurde. Und es hängen Bilder aus Zeiten von vor den Schlachten daneben. Man hat den direkten Vergleich. Und man fühlt sich, als würde man mitten in einem Krieg stehen. Und irgendwie ist das auch so, auch wenn hier heute alles friedlich ist. Und diese Freiluftstelle nennt man daher das Historische Museum. Sehr beeindruckend und bedrückend zugleich. Auch angsteinflößend. Ich verbringe einige Zeit auf diesem Platz. 150 Kilometer weiter sterben gerade ukrainische Soldaten im Kampf um ihre Heimat.

Am Ende des Platzes gelange ich auf die riesige Hauptstraße, welche durch das Zentrum der Stadt führt. Neben mir befindet sich kilometerlang eine Baustelle, denn seit 1995 baut man hier an einer U-Bahn, sechs Stationen sind mittlerweile fertiggestellt, drei weitere Stationen sollen in den nächsten Jahren folgen. Das ist für eine Großstadt wie diese hier schon sehr mager, und langsam. Dafür gibt es aber 19 Straßenbahnlinien mit historisch klapprigen Bahnen, welche an einem über wackelig schiefe und unebene Gleise vorbeirumpeln. Und es gibt natürlich tausende Marschrutka, also diese typisch ukrainischen Kleinbusse, wie es sie in vielen Nachfolgestaaten der ehemaligen Sowjetunion gibt. Die Busse sind privat betrieben, oft in einem katastrophalen Zustand, aber sie dienen ihrem Zweck. Man benötigt keine Bushaltestellen und kann diese Busse quasi überall anhalten. Sie dienen als Ergänzung zum öffentlichen Nahverkehr und sind oft überfüllt. Der Fahrpreis steht auf einem handgeschriebenen Zettel, der an der Frontscheibe klebt. Das Geld drückt man nach dem Einsteigen seinem Nebenmann passend in die Hand und so wandert das Geld dann von Hand zu Hand bis vorne zum Fahrer.

Nach einer Weile erreiche ich den zentralen Marktplatz Osjorka mit seiner imposanten Markthalle. Der Weg führt mich nun mitten durchs Zentrum. Nachdem ich dieses durchquert habe erreiche ich mein nächstes Ziel, die Dnipro-Arena. Ein Vorzeigestadion der Ukraine, erbaut von einer deutschen Firma nach dem Vorbild des Gladbacher Stadions. Bauherr war der einheimische Fußballverein FK Dnipro. Ein ziemlich neues, durchaus beeindruckendes, aber eben auch nicht zum übrigen Stadtbild passendes Bauwerk aus dem Jahr 2008.

Der FK Dnipro wurde im Jahr 1918 als Werksmannschaft der Petrowski Stahlwerke gegründet und zu Sowjetzeiten mehrmals an andere Werke abgegeben und umbenannt, 1983 und 1988 gewann man die sowjetische Meisterschaft. Nach dem Zusammenbruch der Sowjetunion spielte der Club in der neugegründeten ersten ukrainischen Liga, erreichte dreimal das Pokalendspiel und landete sechsmal unter den ersten drei der ukrainischen Meisterschaft, ein Titel wurde aber nicht mehr gewonnen. Und auch mit dem Bau der Dnipro-Arena hatte man sich übernommen. Die Baukosten in Höhe von 40 Millionen Euro konnte man nur zum Teil an das deutsche Bauunternehmen überweisen. Als man sich im Sommer 2013 zum Trainingslager in Österreich befand, bekam man frühmorgens plötzlich Besuch von einem Gerichtsvollzieher. Alle vom Verein angemieteten Räume wurden nach pfändbaren Gegenständen durchsucht, lediglich ein paar Bälle und die Schmutzwäsche ließ man zurück, so dass der Verein sein Trainingslager tatsächlich noch durchziehen konnte. Das Hotel und die Anlage waren schon bezahlt.

Im gleichen Jahr erreichte man ziemlich unerwartet die Gruppenphase der Europa-League und das spülte wieder etwas Geld in die Kassen. In der Saison 2014/15 schaffte man es sogar bis ins Finale, wo man dem FC Sevilla mit 2:3 unterlag. Wegen des nur wenige Kilometer entfernten Krieges in der Ostukraine verlegte man die Spiele fortan nach Kyiv. Doch nach wie vor schob man einen riesigen Schuldenberg vor sich her, so dass es ab 2016 zu mehreren Zwangsabstiegen kam und man in der Saison 2018/19 nur noch mit unter 18-jährigen Spielern in der Amateurliga kickte. Am Ende der Saison wurde der Spielbetrieb komplett eingestellt und der Verein aufgelöst. Seitdem ruht auch der Spielbetrieb in der Dnipro-Arena. Ende 2019 fand das bislang letzte Fußballspiel hier statt, ein Länderspiel der Ukraine gegen Nigeria, welches 2:2 endete.

Ich verlasse die Spielstätte und laufe in Richtung Süden, vorbei an alten Plattenbauten, durch eine trostlose Wohngegend. Die Straßen sind hier kaum noch als solche zu erkennen, hier und da ein paar Betonplatten, dazwischen riesige Löcher. Auch die Bürgersteige sehen so aus und man muss bei jedem Schritt genau schauen, wohin man tritt. Zwischen Straße und Bürgersteig stehen riesige Bäume, die Wurzeln bahnen sich ebenfalls einen Weg durch die Betonplatten. Aus den Häusern kommt ein muffiger Geruch, Türen und Fenster sind an vielen Stellen zerbrochen oder vergammelt, dennoch ist hier alles bewohnt. Ab und zu kommen mir ältere Muttis mit selbstgebauten Sackkarren entgegen, auf denen sie ihre Einkäufe nach Hause schleppen, gekonnt dabei jedes riesige Schlagloch und die höchsten Bordsteinkanten umgehen. Doch man hilft sich gegenseitig. Man sieht ständig jüngere Menschen, wie sie den Babuschkas an kritischen Stellen helfen, ihre Sackkarren über die ganzen Hindernisse zu bekommen. Auch ich helfe an der ein oder anderen Stelle.

Nach einiger Zeit taucht dann vor mir das Olympische Zentrum auf. Mittendrin befindet sich das 1966 erbaute Meteorstadion, welches bis zum Bau der Dnipro-Arena die Heimspielstätte des FK Dnipro war. Seitdem spielt hier der Zweitligist Dnipro-2-Dnipropetrowsk. Ein typisches Stadion im Sowjet-Stil, mit offenen Tribünen und gewaltigen Flutlichtmasten. Insgesamt passen hier über 24.000 Zuschauer rein, nur ich heute leider nicht, da alles verriegelt und verrammelt ist. Oder? An einem Tor entdecke ich einen Spalt. Mit etwas Muskelkraft kann ich diesen Spalt so weit öffnen, dass sogar mein Bauch hindurch passt. Ein wirklich faszinierender Anblick. Also auf das Stadion, nicht auf meinen Bauch. Und der tolle Blick auf die offenen Tribünen und die Flutlichtmasten, im Hintergrund die Plattenbauten, aber auch viele riesige Bäume. Ich schieße gerade ein paar Bilder, als plötzlich zwei Kerle rumbrüllen. Mein Gedanke, dass die sich scheinbar streiten, bewahrheitet sich nicht, denn die beiden sind Ordnungshüter und meinen mich. Sie winken mir zu und schreien mich an, also bewege ich mich in deren Richtung. Sie stehen genau an dem Spalt, durch den ich ins Stadion gelangt bin. Da ich deren ukrainisches Gebrüll aber nicht verstehe, gebe ich mich als ahnungsloser Tourist aus. Die beiden sprechen oder verstehen auch kein Englisch, von daher wird das hier noch eine schwierige Situation. Sie begleiten mich zu ihrem Fahrzeug. Eine alte Sowjetkarre mit Gittern vor den Scheiben. Wir steigen ein und setzen uns auf eine zerfetzte Sitzbank. Dort pöbelt man mich weiter auf Ukrainisch an und ich verstehe nach wie vor kein Wort, versuche mit Händen und Füßen zu erklären, dass ich doch nur ein Tourist bin und ein paar Bilder schießen möchte. Doch sie lassen nicht locker und wollen die Bildergalerie auf meinem Handy sehen. Die Bilder vom Stadion hier muss ich löschen, doch gehen darf ich danach immer noch nicht. Ich habe auch keine Ahnung, was die jetzt noch mit mir vorhaben. Sie wollen meinen Ausweis sehen. Diese Gelegenheit nutze ich und ziehe nicht nur den Ausweis, sondern auch ein paar ukrainische Geldscheine aus meinem Portemonnaie. Ich drücke einem der Beiden beides in die Hand. Er schaut sich meinen Ausweis gar nicht erst an, blickt nur kurz zu seinem Kollegen rüber. Und der nickt. Sekundenschnell gibt er mir meinen Ausweis zurück, steckt sich das Geld ein, öffnet die Tür, reicht mir freundlich seine Hand zum Abschied und ich kann gehen. Willkommen in der Ukraine. Tagtäglich versucht man hier die Korruption zu bekämpfen, so richtig ist das aber noch nicht bei allen angekommen.

Mittlerweile bin ich so einige Kilometer gelaufen und ich steuere einen Supermarkt an, wo ich mir standesgemäß Brot, Streichkäse und einen Kaffee kaufe. Für umgerechnet keine 50 Eurocent eine gute Stärkung. Doch zunächst laufe ich weiter und erreiche kurze Zeit später das Lokomotiv-Stadion. Und das hatte ich mir definitiv anders vorgestellt. Zu meiner Rechten befindet sich die riesige und blauweiße Kirche der Heiligen Verkündigung. Ein wirklich wunderschönes Bauwerk, welches ursprünglich zwischen 1889 und 1896 errichtet, aber im zweiten Weltkrieg schwer beschädigt wurde. Während der deutschen Besatzung im Jahr 1943 wurde die Kirche behelfsmäßig renoviert und erste Gottesdienste wieder aufgenommen. Nach der Befreiung der Stadt im Jahr 1944 begann der komplette Wiederaufbau, welcher erst im Jahr 1964 abgeschlossen werden konnte.

Zu meiner Linken befindet sich eine Schule und dahinter dann das Stadion, welches auf dem ersten Blick gar nicht mehr nach einem Stadion aussieht. Zu Sowjetzeiten in den 1930er Jahren erbaut ist seitdem auch nie etwas renoviert oder erneuert worden, nicht einmal das Gebäude nebenan, in dem sich heute die Umkleidekabinen, ein Fitnesscenter sowie andere kleine Veranstaltungsräume befinden. Der heimische Verein Lokomotive spielte hier in den 1930er Jahren ziemlich erfolgreich, so nach und nach verschwand man aber von der Bildfläche.

Tribünen sind hier heute kaum noch zu sehen, dafür aber der grüne Rasen und rundherum Aschebahnen und Laufstrecken, welche mit Gummimatten ausgelegt wurden. Das Stadion ist frei zugänglich. Beheimatet sind hier heute verschiedene Vereine und Sportarten, von Rugby über American Football, Leichtathletik bis hin zu klassischem Fußball. Aber jeder, der Lust hat, kann dieses Stadion betreten und Sport machen, etwas kicken, joggen gehen, sich mit Freunden treffen. Von daher ist hier auch heute eine Menge los. Rundherum befinden sich zahlreiche Spuren von Saufgelagen. Also wird auch diese Art von Sport hier betrieben. Kinder spielen zwischen herumliegenden und halbvollen Wodkaflaschen, Glasscherben, benutzten Kondomen, toten Ratten, Zigarettenkippen, Drogenresten und Müll. Die Abgrenzungsmauern sind an manchen Stellen eingestürzt, die Metallabsperrungen durchgerostet mit teilweise extrem scharfen Abbruchkanten, das Dach des Umkleidegebäudes hängt halb daneben, die sanitären Einrichtungen riecht man meterweit, aber irgendwie scheinen hier alle zufrieden zu sein und sich wohl zu fühlen.

Ich nehme auf einem Rest der ehemals 1.500 Zuschauer fassenden Tribüne Platz und gönne mir mein soeben gekauftes Mittagessen. Anschließend laufe ich weiter und erreiche an einer Kreuzung die Europastraße E50. Diese führte ursprünglich vom französischen Atlantik bei Brest über Paris, Mannheim, Nürnberg, Prag, Dnipropetrowsk, Donezk und Rostow am Don bis zum kaspischen Meer in Russland. Heute endet die Europastraße kurz hinter Dnipropetrowsk, denn dahinter herrscht Krieg und ein Übergang zu Russland ist quasi unmöglich. Dennoch eine sehr bedeutende Straße im Fernverkehr, welche hier mitten durch die Stadt und direkt am Hauptbahnhof vorbeiführt. Doch mir stockt gerade der Atem, denn vor mir befindet sich eine durchlöcherte Sandpiste. An manchen Stellen kann man ein paar Betonreste entdecken, ansonsten nur Sand und Löcher. Und was für Löcher. Mit normalen Autos fast unpassierbar. An einigen Stellen befinden sich offene Gullys, denn die Deckel fehlen. Man schaut metertief in die Kanalisation. Und alle Autos neben mir rumpeln mit Schrittgeschwindigkeit über die staubige Piste, weichen den tiefsten Löchern und Gullys aus. In der Mitte liegen Straßenbahnschienen. Doch die sind so krumm und schief und uneben, da wird keine Straßenbahn mehr fahren, denke ich – und sehe in einigen hundert Metern Entfernung, dass mir tatsächlich eine Straßenbahn auf diesen wackligen Schienen entgegenkommt. Und noch eine, und dann kommt auch noch eine von hinten. Ich schaue mir das Schauspiel an und bin beeindruckt, wie die Wagen überhaupt in der Spur bleiben. Fast unglaublich.

Europastraße also. Und an dieser liegt jetzt links von mir auch der Hauptbahnhof. Ebenfalls ein gewaltiges Bauwerk aus Sowjetzeiten, viel los ist aber gerade nicht. Vielleicht verläuft sich das auch auf dem riesigen Vorplatz hier.

Wenige Minuten später erreiche ich den Busbahnhof, wo klapprige Linienbusse und zahlreiche Marschrutka Schlange stehen. Hier stehen auch Fernbusse, fast alle waren mal als Reisebusse in Deutschland unterwegs, sind längst aussortiert und hierher verkauft worden, tragen aber zum größten Teil noch die deutschen Beschriftungen. Von einigen dieser Busse mache ich Fotos und schicke sie den ehemaligen Besitzern in Deutschland. Die Kontaktdaten stehen ja auf den Bussen noch drauf. Und alle antworten mir sehr begeistert, freuen sich über ein paar Bilder ihrer ehemaligen Busse.

Mein Ziel ist es nun die andere Uferseite des Dnjepr zu erreichen. Doch so langsam rennt mir die Zeit davon. Ich möchte über eine der gewaltigen Brücken laufen und die Aussicht auf die Skyline der Stadt genießen, doch in zwei Stunden wird es dunkel werden. Also suche ich mir einen passenden Bus, welcher die Brücke überquert. Von der anderen Uferseite aus würde ich dann zurücklaufen. Klappt prima und ich erwische einen Bus, der über die Brücke fährt. Doch dann hält der einfach nicht an, die nächste Bushaltestelle dieser Linie kommt erst nach einer gefühlten Ewigkeit. Ich steige aus und stehe mitten im Niemandsland. Ein paar Wohnhäuser, überall bellende und herumstreunende Hunde, viele Katzen, die um meine Beine schleichen, aber keine Menschen. Ich folge der Straße, um wieder zur Amurbrücke zu kommen, über die ich soeben mit dem Bus gefahren bin. Diese Brücke wurde bereits im Jahr 1884 fertiggestellt und ist knapp zweieinhalb Kilometer lang. Doch ich kann nicht den Weg zurücklaufen, über den der Bus gekommen ist. Denn das ist eine Art Stadtautobahn ohne Fußweg. Also laufe ich durch die verlassene Wohnsiedlung und erreiche ein riesiges Industriegebiet, beziehungsweise das, was davon übriggeblieben ist. Gewaltige Stahlwerke und andere Industrien befinden sich hier, doch gearbeitet wird hier schon lange nicht mehr, nur noch in vereinzelten Hallen, wo dann aus den Schornsteinen dichter Qualm kommt. Alles ist trocken, staubig, zugewachsen, verlassen und verqualmt. Das Atmen fällt mir richtig schwer. Irgendwie ein mulmiges Gefühl hierher zu laufen. Neben mir befinden sich riesige und verrostete Fernwärmerohre, die Straße ist brüchig und sandig, ab und zu belgeiten mich ein paar Hunde oder Katzen, ein alter Mann mit einer Einkaufstüte kommt mir entgegen, ansonsten nichts, einfach nur nichts und unheimlich. Und dann beginnt die Sonne so langsam unterzugehen. Ich muss mich also beeilen, wenn ich die Skyline der Stadt noch im Hellen sehen möchte. Strammen Schrittes folge ich der Straße, durchquere einen Wald, muss irgendwann unzählig viele Bahngleise überqueren, während so einige Güterzüge an mir vorbeirumpeln und dann erreiche ich endlich wieder die Hauptstraße, welche zur Brücke führt und damit auch etwas mehr Zivilisation. Endlich. Ich fühle mich direkt wohler.

Die riesige Brückte schwankt ganz schön bei dem Verkehr. Besonders, wenn eine der Straßenbahnen an mir vorbeirumpelt. Der Fußweg ist sehr schmal und besteht aus kaputten Betonplatten, das Brückengeländer ist niedrig und so benötige ich ein paar Meter, um mich an die Brücke zu gewöhnen. Dafür werde ich quasi wenige Minuten vor Sonnenuntergang mit einem fantastischen Ausblick auf die Skyline der Stadt belohnt. Dieses Bild habe ich schon oft gesehen, heute erlebe ich es live vor mir. Ich bin richtig begeistert und bekomme gar nicht mit, dass die Sonne irgendwann komplett verschwunden ist. In völliger Dunkelheit erreiche ich die andere Uferseite um kurz nach 20 Uhr und hier bin ich in einem Restaurant am Busbahnhof mit Anton verabredet.

Anton ist ein guter Freund von Yaro und wohnt in dieser Stadt. Er begrüßt mich, als würden wir uns schon seit Jahren kennen, dabei sehen wir uns heute zum ersten Mal. Wir essen etwas und unterhalten uns ganz gut. So gut, dass wir anschließend noch in eine kleine Bar nebenan gehen und uns ein paar Bier gönnen. Anton berichtet vom Krieg in der Ukraine und davon, dass dieser die Gesellschaft spaltet. Auch seine Familie ist betroffen, denn seine Eltern, sein Bruder und er sind pro-ukrainisch eingestellt. Sein Onkel und dessen Familie sind pro-russisch eingestellt. Und damit habe man keinen Kontakt mehr zueinander. Das sei nur ein Sinnbild für die komplette Bevölkerung. Die einen denken ukrainisch, die anderen russisch. Ein Zwischending gibt es nicht. Gegenseitige Sympathien auch nicht. Anton berichtet davon, dass er und andere Jugendliche hier oft auf der Straße von Russen angesprochen werden. Man bekommt einen Job mit guter Bezahlung angeboten. Doch der Job besteht darin, dass man mit Maske und Schlagstock ausgestattet wird und dann mit anderen angeworbenen Schlägern immer dorthin gefahren wird, wo Demonstrationen stattfinden und man pro-ukrainische Demonstranten verprügeln soll. Doch das würde er niemals machen. Er liebt die Ukraine. Und früher liebte er auch seinen Onkel. Doch das darf er jetzt nicht mehr. Er möchte einfach, dass es aufhört. Er möchte keinen Krieg mehr. Und er möchte nicht immer wieder von verwundeten oder gar gefallenen Freunden hören, welche vom Militär eingezogen und an die Front geschickt wurden. In der Ukraine ist vor kurzem die Wehrpflicht wieder eingeführt worden. Man rüstet seit Jahren auf, um sich gegen Russland wehren zu können.

Gegen Mitternacht laufen wir zu meinem Hotel. Unterwegs halten wir noch kurz an einem Supermarkt, um uns mit Bier zu versorgen. Während Anton kurz zum pinkeln um die Ecke verschwindet, betrete ich den Laden bereits und der ist voll mit Jugendlichen, welche sich um diese Zeit nochmal mit Alkohol versorgen wollen. Ich greife zu Bierflaschen mit einem halben Liter Inhalt. Da werde ich direkt von einem fremden Jugendlichen angestupst. Er erzählt mir etwas auf Ukrainisch und ich gebe ihm zu verstehen, dass ich leider nur Englisch verstehe. Das spricht er scheinbar nicht, zupft aber an meinem Shirt und zieht mich so durch den halben Laden. Am Ende zeigt er mir das gleiche Bier in 0,75-Liter-Flaschen zum noch günstigeren Preis. Ein Sonderangebot. Und das ist eben genau das, was mich an den

Menschen hier immer wieder begeistert. Man hilft sich gegenseitig. Ich bedanke mich freundlich. Gleichzeitig kommt auch Anton um die Ecke und wundert sich, dass ich dieses Angebot hier ohne seine Hilfe gefunden habe. Ich zeige auf den Jugendlichen, welcher mir geholfen hat und die beiden kennen sich, begrüßen sich freundlich und Anton erklärt dem Typen, dass ich aus Deutschland komme und diese Stadt hier für einen Tag besuche.

Vorne an der Kasse fehlt dem Typen dann plötzlich etwas Kleingeld für seine Einkäufe, umgerechnet etwa fünf Eurocent. Ich helfe ihm aus und so haben wir uns hier gegenseitig geholfen. Freude auf beiden Seiten. Draußen öffnet er dann seine Schnapsflasche und bietet Anton und mir einen Schluck an. Nehmen wir gerne und plötzlich sind wir zu dritt. Wir gehen auf mein Zimmer, setzen uns auf den Balkon und genießen das mitgebrachte Bier – und den Schnaps natürlich auch.

Unsere lustige Runde hier geht bis nach drei Uhr. Dabei muss ich um 4:45 Uhr schon wieder los zum Flughafen. Mein nächster Flug steht auf dem Plan. Ich frage die beiden, wie ich um die Zeit am besten zum Flughafen komme und die organisieren mir kurzerhand einen Kollegen mit Führerschein und Auto. Der wird uns dann hier abholen, mich zum Flughafen und die anderen beiden nach Hause bringen. Ich stelle meinen Wecker auf 4:15 Uhr, um auf jeden Fall pünktlich wach zu sein und noch duschen zu können, dann schlafe ich nach über 30 gelaufenen Kilometern heute sowie reichlich Alkohol zum Abschluss des Tages auch ziemlich schnell ein. Das Bett ist groß genug und die anderen beiden tun es mir gleich.

MARIUPOL UND DAS ASOWSCHE MEER

Ich träume wildes Zeug und nehme ein Rumpeln und Poltern wahr. Lautes Klopfen. Was zur Hölle? Ich werde wach. Das Klopfen ist real. Mittlerweile höre ich, wie jemand ständig irgendwo gegentritt. Erst nach und nach realisiere ich, dass sich jemand an unserer Hoteltür austobt. Die anderen beiden schlafen und bekommen nichts mit. Was ist da los? Einbrecher? Alarm? Ich bin noch gar nicht richtig wach, überhaupt noch nicht auf dieser Welt. Und dann ruft der Typ auf der anderen Seite der Tür irgendwas mit Airport. Airport. Flughafen. Verdammt. Meine Uhr zeigt 5:04 Uhr an. Da war doch was. Verpennt. Auch das noch. Ich springe aus dem Bett, öffne die Tür und da steht der Kollege der beiden, zeigt wild fuchtelnd auf seine Armbanduhr. Er berichtet, dass er die Rezeption bestechen musste, um herauszufinden in welchem Zimmer ein Deutscher übernachtet und er sich bis zum Schluss nicht sicher war, ob er an der richtigen Tür klopft. Ich bin ihm mehr als dankbar für seinen Einsatz und wecke direkt die anderen beiden. Duschen fällt aus. Sachen muss ich nicht packen, da ich nichts ausgepackt habe. Auf geht's zum Flughafen. Hier verabschiede ich mich von Anton und seinen Freunden. Das Flughafengebäude ist Menschenleer, der Flug heute keine Linienverbindung, aber ich hatte Glück und konnte mir für diesen Sonderflug einen Platz ergattern. Großartige Kontrollen gibt es nicht und innerhalb weniger Minuten sitze ich bereits im Flieger.

Der kurze Flug mit einer über 40 Jahre alten Antonov Propellermaschine ist laut und wackelig, das Personal aber wahnsinnig freundlich. Schon nach kurzer Zeit landen wir sicher in der Hafenstadt Mariupol. Hier leben etwa 440.000 Einwohner am Ufer des Asowschen Meeres.

Auch hier bestelle ich mir unkompliziert per App ein Taxi und gelange so innerhalb weniger Minuten in die Stadt, welche im Jahr 1779 gegründet wurde und damit noch gar nicht so alt ist. Der Bahnhof an sich ist im Gegensatz zu den Bahnhöfen in vielen anderen ukrainischen Städten keine Schönheit. Ein ziemlich stumpfer Plattenbau. Geht man durch den Hintereingang hinaus, so gelangt man auf eine kleine Brücke, von der man direkt einen faszinierenden Ausblick auf den Strand und das Meer genießen kann. Auf der anderen Seite des Bahnhofes gelangt man in den Stadtpark, welcher weitläufig angelegt ist, mit vielen Skulpturen, Denkmälern, Springbrunnen, Parkbänken und gemütlichen Kaffeebuden. Hier lasse ich es mir gut gehen und mir fällt auf, dass in dieser Stadt seit der Unabhängigkeit eine Menge passiert ist. Klar, die Gebäude sind größtenteils alt und im postsowjetischen Stil. Aber die ganzen Parks sind liebevoll hergerichtet, die Wege und Flaniermeilen alle neu gepflastert worden. Alles sieht neu, gemütlich und nach Aufschwung aus. Dabei befinde ich mich hier im Donbass, genauer gesagt in der Oblast Donezk. Die Grenze zu Russland und der seit 2014 andauernde Krieg sind gerade einmal rund 50 Kilometer entfernt.

Ich mache noch einen Abstecher in den Norden der Stadt und schaue mir das Wolodymyr-Bojko-Stadion an, wo der FK Mariupol beheimatet ist. Ein gemütliches Stadion mit zwei überdachten Tribünen und 12.680 Sitzplätzen. Hier werden aber nicht nur Fußballspiele, sondern auch verschiedenste Leichtath-letik-Wettkämpfe ausgetragen. Im Jahr 2009 war das Stadion eine der Austragungsstätten für die U19-Fußball-Europameisterschaft. Das deutsche Team scheiterte als amtierender Europameister allerdings schon in der Qualifikation und nahm an diesem Turnier nicht teil.

Anschließend muss ich mich beeilen, um meinen Zug zu erwischen. Im Liegewagen kann ich mich für die nächsten anderthalb Stunden lang machen, auch wenn das in den engen und nicht klimatisierten Waggons gewöhnungsbedürftig ist, da sich alle aus ihre verschwitzten Klamotten pellen und ihre Schuhe ausziehen, um sich hinzulegen.

Mein nächster Stopp ist Berdjansk, ebenfalls eine Hafenstadt am Asowschen Meer. Der Bahnhof hier ist wieder ein typisch sehenswerter Bau, wie man ihn in diesem Land kennt. Ein wenig Vorstadtidylle, dabei leben in dieser Stadt etwa 115.000 Menschen. Bis zum Strand sind es nur ein paar hundert Meter und die laufe ich. Unterwegs besorge ich mir noch ein paar Snacks, bevor ich am Strand, direkt neben einer dort aufgebauten Bühne für regelmäßige Konzerte, Platz nehme. Das Wetter ist gut. Das Meeresrauschen lässt mich genießen. Vor mir liegt das weite Meer, rechts von mir blicke ich auf den Hafen, links von mir auf die vorgelagerte Halbinsel, wo es auch tolle Strände geben soll, aber dafür reicht meine Zeit leider nicht mehr. Ich muss zurück zum Bahnhof und fahre nun in Richtung Nordwesten.

Am späten Nachmittag erreiche ich Saporischschja, die sechstgrößte Stadt der Ukraine mit über 760.000 Einwohnern. Direkt hier am Bahnhof beginnt der Sobornyj-Prospekt, mit 12 Kilometern die längste innerstädtische Straße Europas. Hier am Beginn der Straße erkennt man bereits die prachtvolle Bebauung, welche sich entlang dieser Straße zieht. Auch kann man von hier aus einen Blick auf die gewaltige Staumauer des Dnjepr-Stausees werfen. Als sich im Zweiten Weltkrieg die sowjetischen Soldaten vor den deutschen Truppen zurückziehen mussten, sprengten sie im Jahr 1941 einen Teil der Staumauer in die Luft und das Gebiet wurde überflutet. Fast 100.000 Zivilisten sollen dabei ums Leben gekommen sein. Die Deutschen bauten die Staumauer innerhalb eines Jahres wieder auf, doch als auch sie sich im Jahr 1943 wieder zurückziehen mussten, bombardierten sie nun ihrerseits das Bauwerk und es kam erneut zur Katastrophe. Heute herrscht hier Frieden, zumindest in dieser Stadt und ich kann die Aussicht genießen.

Mit dem Kleinbus fahre ich nun in Richtung Westen bis zum Dorf Tscherwonohryhoriwka. Die Siedlung liegt am Ufer des 240 Kilometer langen Kachowkaer Stausees. Das andere Ufer ist weit entfernt, doch man erkennt gegenüber das größte Kernkraftwerk Europas mit seinen sechs Reaktorblöcken. Eine gewaltige Anlage, die besonders seit dem Wegfall des Kernkraftwerks Chernobyl an Bedeutung gewonnen hat und unverzichtbar für die Energieversorgung in der Ukraine geworden ist.

Mit dem Bus geht es weiter nach Nikopol, wo ich in den Zug einsteige. Gegen Mitternacht erreiche ich die Stadt Krywyj Rih, mit über 620.000 Einwohnern auch nicht unbedingt klein. Hier besteige ich den Nachtzug, welcher mich zurück nach Dnipro bringt.

Vom Bahnhof aus fahre ich mit dem Taxi zum Flughafen und dann stehe ich wieder im absoluten Niemandsland. Das Flughafengebäude ist zwar geöffnet, aber bis auf einen Wachmann ist hier weit und breit kein Mensch zu sehen. In einer Stunde ist Abflug. Doch hier ist noch nichts los. Gar nichts. An der Wand steht ein alter Kaffeeautomat und dem entlocke ich tatsächlich einen Kaffee. Während ich diesen bei einer Zigarette vor dem Gebäude genieße kommen tatsächlich so nach und nach Menschen hier an, die gleich mit mir fliegen werden. Also betrete ich nun auch wieder das Gebäude.

Der Wachmann, welcher soeben am Eingang stand, steht nun in einer Holztür, durch die wir gehen müssen. Er kontrolliert unsere Ausweise und Tickets. Anschließend kontrolliert er unser Handgepäck, indem er alles durch einen Apparat schiebt und er tastet jeden von uns ab. Gleichzeitig nimmt er das Aufgabegepäck entgegen und wirft es in einen riesigen Bollerwagen. Einen Check-In-Schalter gibt es hier nicht. Und dann taucht tatsächlich ein zweiter Flughafenmitarbeiter auf, welcher sich nun den Bollerwagen schnappt und diesen draußen an einen Bus anhängt. Unser Wachmann bittet uns nun aus dem Gebäude, schließt die Tür hinter sich ab und leitet uns in diesen Bus. Gleichzeitig übernimmt er das Steuer und bei einem traumhaften Sonnenaufgang chauffiert er uns über das Vorfeld bis zum einzigen Flugzeug hier weit und breit. Und das ist natürlich die Propellermaschine, welche uns gleich nach Kyiv bringen wird. Das Ding steuert der aber nicht auch noch, dafür taucht kurze Zeit später tatsächlich eine Besatzung auf, während unser Wachmann mit seinem Kollegen das Gepäck ins Flugzeug wirft.

Den Flug entlang des Dnjepr in Richtung Norden verschlafe ich größtenteils. Kein Wunder nach den letzten Nächten, in denen ich kaum geschlafen habe. Bereits um 8 Uhr befinde ich mich wieder in Kyiv. Einmal öfter besteige ich den Zug in die Stadt und gebe mir alle Mühe den Halt am Bahnhof Darnytsia nicht schon wieder zu verschlafen. Schaffe ich. Yaro schläft scheinbar noch, denn ich erreiche ihn nicht. Also schaue ich mich etwas in der Umgebung um und treffe auf ein tolles Stadion. Schon von weitem kann ich die gewaltigen Flutlichtmasten ausmachen, die Eingangstore stehen für jeden hier offen und so stehe ich im 5.000 Zuschauer fassenden Stadion Skhid. Ein richtig altes Ding. Und wieder so typisch. Rundherum ist alles zugewachsen und wo man auch hinschaut, ein Plattenbau reiht sich an den nächsten. Das Stadion liegt also wieder mitten in einem Wohnkomplex und wird von den Einheimischen für verschiedenste Sportarten genutzt. Auf der Laufbahn entdecke ich einige Jogger, auf dem Rasen kicken ein paar Jugendliche, im vergammelten Gebäude nebenan gibt es sanitäre Anlagen sowie ein paar Fitnessgeräte. Ganz offiziell ist hier sogar auch ein Fußballclub beheimatet, und zwar der unterklassige FC Voskhod Kyiv. Für Fußballromantiker jedenfalls eine tolle Spielstätte.

Ich ziehe weiter durch die Straßen und finde einen Supermarkt, wo ich ein paar Lebensmittel kaufe. Anschließend setze ich mich in den Bus und fahre in Richtung Appartement. Einmal muss ich umsteigen, bevor ich dann um 11 Uhr die Wohnungstür öffne. Yaro ist nicht alleine. Sein bester Freund Maxim ist auch da. Aber beide schlafen noch. Sie werden erst nach einiger Zeit wach, haben letzte Nacht wohl noch lange gezockt. Wir nehmen am Tisch Platz und gönnen uns von meinen Einkäufen etwas zu essen. Müde sind wir alle drei, so dass sich Maxim nach dem Essen verabschiedet und nach Hause fährt. Yaro und ich werfen uns aufs Bett und schlafen beide ziemlich schnell ein. Ich stelle mir vorher noch den Wecker, da heute Abend schon wieder mein Rückflug nach Deutschland geht.

17 Uhr. Mein Wecker klingelt. Nur mühsam schleppe ich mich aus dem Bett und packe meine Sachen zusammen. Yaro wacht auch kurz auf, begleitet mich noch bis zum Fahrstuhl und dann fallen wir uns einmal öfter zum Abschied in die Arme. Natürlich werde ich wiederkommen, aber Yaro kann sich auch heute ein paar Tränchen nicht verkneifen. Bis bald mein Freund! Pass auf dich auf!

Per Taxi fahre ich bis zum Bahnhof Darnytsia und von dort mit der Bahn zum Flughafen. Um 21 Uhr hebt mein Flieger ab und landet etwa drei Stunden später gegen 23 Uhr Ortszeit in Deutschland. Am heimischen Regionalflughafen ist alles ganz entspannt wie immer, auch die Passkontrolle, so dass ich bereits nach einer Viertelstunde im Auto sitze und heimwärts fahre. Ich packe noch meine Sachen aus, werfe die Waschmaschine an und um 2:30 Uhr liege ich im Bett. Im eigenen. Alleine. Ein tolles Gefühl. Gute Nacht!

DIE SIEBZIGER IN TRANSNISTRIEN

Im Oktober 2021 soll mich die Reise nach Transnistrien führen. Ein besonderes Reiseziel und ein Land, das viele gar nicht kennen. Kein Wunder. Denn Transnistrien ist ein Land, das es gar nicht gibt. Um die Hintergründe zu erklären, muss man ein ganzes Stück weit in die Vergangenheit blicken. Und auf einen Fluss namens Dnister. Dieser hat seinen Ursprung in den ukrainischen Karpaten und mündet nach 1.352 Kilometern Nahe Odessa im Schwarzen Meer. Blickt man auf die Landkarte, so liegt das die heutige Republik Moldau (Moldawien) westlich des Flusses, während sich Transnistrien – bis auf kleine Ausnahmen – östlich des Flusses befindet.

Im 15. Jahrhundert gehörte das heutige Transnistrien zum Staatsgebiet Polen-Litauen, der westlich des Flusses gelegene Teil – also das heutige Moldawien - zum rumänisch geprägten Fürstentum Moldau. Im Jahr 1792 erweiterte das Russische Reich ungefragt seinen Machtbereich bis zum Ostufer des Flusses Dnister und nahm somit auch Transnistrien ein. Die Russen siedelten die Einheimischen Transnistriens, welche überwiegend Ukrainer, Rumänen und Tataren waren, nach Sibirien um, gleichzeitig siedelten sie gezielt Russen in Transnistrien an.

Im Jahr 1812 gelang den Russen auch der Sprung über den Fluss und man nahm das Gebiet des heutigen Moldawiens ebenfalls für sich ein. Doch nach dem Ende des Ersten Weltkrieges wurde das heutige Moldawien an Rumänien angeschlossen, Transnistrien wurde Teil der neugegründeten Sowjetunion. Bis zum Jahr 1941. Denn im Zweiten Weltkrieg wurde Transnistrien von deutschen und verbündeten rumänischen Truppen erobert. Transnistrien wurde an Rumänien angeschlossen und gleichzeitig begann ein sehr, sehr schwarzes Kapitel, da alleine in diesem Gebiet knapp 300.000 Juden ermordet wurden. Ein unfassbarer Teil der Geschichte, der uns immer und überall wieder einholt. So etwas darf niemals vergessen werden!

Der Roten Armee gelang es dann im Jahr 1944 das gesamte Gebiet des heutigen Moldawiens und Transnistriens zurückzuerobern und als gemeinschaftliche Republik Moldau der Sowjetunion anzuschließen. Viele Personen, die als Besatzer, Rumänen oder Moldauer galten, wurden mit ihren Familien nach Sibirien zwangsumgesiedelt. Dennoch verblieben im heutigen Moldawien weitaus mehr Einheimische, als in Transnistrien. Die seit Jahren laufende Russifizierung in Transnistrien hatte ihren Erfolg und so lebten hier überwiegend Russen.

Die Einheimischen des moldawischen Teils der Sowjetrepublik Moldau fühlten sich nach wie vor mehr zu Rumänien hingezogen und versuchten sich immer wieder gegen die Zugehörigkeit zur Sowjetunion zu stemmen, während die Bewohner östlich des Flusses prorussisch agierten. Dennoch beschloss man im Jahr 1989 Russisch als Amtssprache abzuschaffen. Fortan galt das rumänisch geprägte Moldauisch als einzige offizielle Sprache. Innerhalb weniger Monate wurden Personen nicht-moldauischer Herkunft aus so gut wie allen öffentlichen Institutionen verdrängt. Im transnistrischen Teil war man davon natürlich nicht begeistert und es gab erste Aufstände. Dazu war der östliche Teil für die Sowjetunion zu einem wichtigen Wirtschaftsstandort geworden. Denn hier wurde durch die Sowjetunion viel Industrie aufgebaut, vor allem in Sachen Stromerzeugung. Die gesamte Sowjetrepublik Moldau erhielt ihren Strom und die wichtigsten Produkte aus dem transnistrischen Teil. Westlich des Flusses war nur Steppe und vereinzelt Landwirtschaft anzutreffen.

Die Republik Moldau erklärte sich im Jahr 1990 schließlich von der Sowjetunion unabhängig und wollte sich Rumänien anschließen. Doch im transnistrischen Teil bildeten sich immer größere Gruppen und Parteien, welche Russisch als Amtssprache sowie die Wiedereingliederung in die Sowjetunion forderten. Doch dazu kam es nicht mehr, da zu diesem Zeitpunkt der Zerfall der Sowjetunion nicht mehr aufzuhalten war. Die Republik Moldau erklärte nun endgültig ihre Unabhängigkeit und versuchte weiter den Anschluss an Rumänien in die Praxis umzusetzen. Gleichzeitig wurde aber auch in Transnistrien die Unabhängigkeit ausgerufen. Man erkannte nicht an zu Moldawien zu gehören, führte eigene Wahlen durch und bildete eine eigene Regierung. Moldawien akzeptierte die Abspaltung jedoch nicht und betrachtete Transnistrien weiterhin als Teil seines Territoriums. Innerhalb kürzester Zeit bildeten Moldawien, als auch Transnistrien eigene Armeen. Moldawien erhielt Waffen und Unterstützung aus Rumänien, Transnistrien aus Russland.

Im Jahr 1992 begann ein verbitterter Bürgerkrieg. Nach einigen Monaten begann Russland zu vermitteln. Denn für Russland war und ist dieser Standort Nahe der Europäischen Union sehr wichtig. Zwar war die moldawische Armee der Transnistrischen deutlich überlegen, doch in Transnistrien befanden sich wichtige Industrien, wie die Stromerzeugung für das ganze Land. Man einigte sich auf einen Waffenstillstand und darauf, dass der Fluss Dnister die Grenze bleiben soll. Mit einer Ausnahme: die Stadt Bender, welche zwar westlich des Flusses liegt, aber überwiegend von Russen bewohnt wurde, sollte zu Transnistrien gehören. Gleichzeitig würde Transnistrien weiter Strom und wichtige Produkte an Moldawien liefern. Die kriegerischen Auseinandersetzungen endeten. Transnistrien konnte seine Ziele erreichen und war nun unabhängig, Moldawien hatte die Kontrolle über dieses Gebiet komplett verloren.

Seitdem halten sich beide Seiten an den Waffenstillstand. Bis heute ist nicht geklärt, wer oder was Transnistrien ist. Man bildete eine eigene Regierung, hat eine eigene Währung, eigene Pässe, eigene Universitäten, eigenes Militär, doch all das ist auf keinem anderen Fleck der Erde etwas wert, da es Transnistrien offiziell gar nicht gibt. Ein Staat, der sich für unabhängig erklärt hat, aber niemand hört ihm zu. Moldawien hat sich damit abgefunden. Und so gibt es auch keine Verhandlungen mehr. Ab und zu bemüht sich die transnistrische Regierung, an Russland angeschlossen zu werden, doch das wollen die Russen gar nicht. Dennoch haben sie auch heute noch tausende Soldaten in Transnistrien stationiert, kontrollieren die Grenzen und versorgen das Land nahezu kostenlos mit Gas und anderen Dingen. Man will Transnistrien nicht, aber zumindest den Daumen darauf halten.

Die Transnistrier selbst haben Russisch als Amtssprache wieder eingeführt und auch so ist die Zeit dort einfach stehengeblieben. Zu Zeiten der Sowjetunion hatte man die beste Zeit im Land.

86

Alle Gebäude, alle Straßen, alles wurde zu Zeiten der Sowjetunion gebaut. Und alles ist bis heute so geblieben. Überall im Land glänzt noch der Sowjetstern, auf der Flagge ist das Sowjetsymbol mit Hammer und Sichel zu sehen, man fühlt sich nach wie vor mehr zum Kommunismus hingezogen und an jeder Ecke glänzt eine Lenin-Statue. Alles ist noch so, wie es zu Sowjetzeiten war. Auf diesem Stück Erde wird die Sowjetunion einfach weitergelebt. Und niemanden interessiert's. Also fast niemanden, denn ich werde mir das jetzt einmal persönlich anschauen.

Transnistrien. Ein Staat, der offiziell gar nicht existiert, international nicht anerkannt ist. Und somit hat dieser Staat auch keine Abkommen mit existierenden Staaten. Wer es hierhergeschafft hat, ist frei von jeglicher Verfolgung durch die Justiz. Man muss zwar offiziell ein- und ausreisen, bekommt eine Art Visum und wird überwacht, aber manche schaffen es auch illegal einzureisen und sich hier ein neues Leben aufzubauen.

Mich jedenfalls hat die Geschichte neugierig gemacht und als Yaro mir letztens von einem guten Kollegen erzählt, der in Transnistrien wohnt, war meine Abenteuerlust sofort geweckt. Über Yaro nehme ich Kontakt zu seinem transnistrischen Kollegen Nicolai auf. Um offiziell nach Transnistrien reisen zu können, benötigt man eine Einladung, und die können eben nur Einheimische ausstellen. Außerdem wird mich ein Einheimischer sicherlich besser über die Grenze bringen und mir vor Ort ein paar interessante Dinge zeigen können.

Somit ist alles organisiert. Ich verlasse bereits um 4:30 Uhr den heimischen Hof und fahre zum Flughafen. Zunächst geht es in Richtung Moldawien, wo der Flieger gut drei Stunden später gegen 13 Uhr Ortszeit am einzigen internationalen Flughafen des Landes ein paar Kilometer südlich der Hauptstadt Chişinău landet.

Zunächst einmal bin ich damit beschäftigt mein Handy in irgendein Netz einzuloggen und finde schließlich heraus, dass von hier ein Linienbus in die Stadt fährt. Und tatsächlich, nach knapp einer halben Stunde fährt ein rostiger Bus vor und sammelt mich ein. Bezahlt wird wie in der Ukraine bei einer Babuschka im Blümchenkittel, die sich einen Weg durch den überfüllten Bus bahnt. Ich habe vorher im Flughafen noch schnell Geld abgehoben, aber auch nur große Scheine bekommen. Die gute Frau schaut mich verzweifelt an, denn gewöhnlich bezahlt man hier passend. Anschließend murmelt sie noch etwas und wendet sich dann von mir ab, ohne mir ein Ticket zu verkaufen. Ich bin also offizieller Schwarzfahrer und hoffe, dass das gut geht.

Nach wenigen Kilometern erreichen wir die Hauptstadt. Schon von weitem erblickt man das sogenannte Stadttor, ein riesiger sozialistischer Betonkomplex aus den 1970er Jahren. Kurze Zeit später biegt der Bus ab und hält in einer Seitenstraße. Neben uns steht ein Polizeiwagen, die Polizisten inspizieren den Bus mit ihren Augen. Der Busfahrer steigt aus. Gleichzeitig blickt die Kartenverkäuferin mich nun unentwegt an. Gibt es jetzt Ärger, weil ich kein Ticket habe? Zum Glück nicht. Am Ende stellt sich heraus, dass sich der Bus an dieser Stelle in einen Trolleybus verwandelt und an die Oberleitungen angeschlossen wird. Diese Aufgabe übernimmt der Busfahrer, die Polizisten kontrollieren lediglich den Verkehr auf der Kreuzung und die Kartenverkäuferin verschwindet auch wieder aus meinem Blickfeld.

Anschließend geht die Fahrt weiter und wir erreichen das Zentrum der Stadt. Hier steige ich aus, laufe ein paar Meter über brüchige Bordsteine. Das sieht schon ähnlich aus wie in der Ukraine, aber noch trostloser. Irgendwie auch noch grauer und unfreundlicher. Die Menschen hier sind viel mehr mit sich selbst beschäftigt, nicht so offen und entgegenkommend als in der Ukraine.

Insgesamt gibt es in der moldawischen Hauptstadt 530.000 Einwohner. Damit ist Chişinău auch die bevölkerungsreichste Stadt des Landes. Doch viele Einwohner bekomme ich nicht zu sehen, auch nicht viel Verkehr auf den Straßen. Mein Hotel erreiche ich nach ein paar Minuten Fußmarsch und hier werde ich direkt freundlich empfangen, bekomme ein riesiges Zimmer zugewiesen. Das Hotel an sich sticht wirklich heraus, denn das hier ist ein Neubau mit blauer Glasfassade. Rundherum befinden sich ausschließlich alte und graue Sowjetbauten.

Ich verlasse das Hotel schon nach kurzer Zeit wieder und laufe los. Quasi direkt um die Ecke befindet sich der riesige Park „*Stefan cel Mare*". Stefan cel Mare, also Stefan der Große, war ein moldauischer Wolwode und gehörte zu den bedeutendsten Herrschern des Fürstentums Moldau. Er lebte von 1433 bis 1504 und ist für die Einheimischen eine zentrale Figur. Dieser Park hier ist ihm gewidmet, bietet einige Wälder, weitläufige und gepflasterte Wege, an denen alle paar Meter Sitzbänke stehen sowie viele Spiel- und Sportgeräte. Man findet hier auch ein paar Cafés, Restaurants, Bars und das sieht schon sehr gemütlich aus. Die Einwohner der Stadt nutzen diesen Park zum Spazierengehen, chillen, ich sehe viele Schüler, die auf den Bänken sitzen und lernen. Natürlich dürfen an den dunklen Ecken auch ein paar leichtbekleidete Frauen nicht fehlen, die hier ihre Dienste anbieten.

Ich gönne mir an einem der Stände etwas zu Essen und suche mir anschließend eine freie Bank. Während ich mir gemütlich eine rauche, werde ich von einem Mädel angesprochen. Doch die will gar kein Geld für irgendwelche Dienstleistungen, sondern sich einfach nur mit mir unterhalten. Sie sei gerade 18 geworden, heißt Natalia, würde zur Schule gehen und bald studieren und wir unterhalten uns wirklich gut. Doch so richtig wohl fühle ich mich nicht dabei. Warum sollte sich ein junges Mädchen zu mir setzen? Will sie wirklich nichts? Wo ist der Trick? Ich winde mich aus der Unterhaltung und laufe anschließend zurück zum Hotel. Fast an jeder Straßenkreuzung überwachen Uniformierte das Geschehen. In einem Supermarkt kaufe ich noch etwas Bier, Wasser, Brot und Streichkäse

Im Hotel angekommen öffne ich das große Fenster in meinem Zimmer, setze mich auf die Fensterbank, verfolge das Treiben auf der Straße unter mir, trinke dabei genüsslich ein Bier und rauche eine Zigarette. Dabei beobachte ich, wie irgendwelche Riesenkäfer durch das offene Fenster krabbeln, einige haben es sogar schon bis an die Decke des Zimmers geschafft. So riesige

Käfer habe ich noch nie gesehen und ehrlich gesagt habe ich auch keine Ahnung, was das überhaupt für Teile sind. Ich entferne sie vorsichtig, schließe schnell das Fenster und lege mich dann schlafen. Vorher inspiziere ich noch das Bett, bevor in der Nacht einer dieser Riesenkäfer eine Gebirgstour über meinen Bauch unternimmt. Gute Nacht.

Am Freitagmorgen stehe ich zeitig auf. Zum Frühstück gibt es das gestern Abend gekaufte Brot mit dem Streichkäse. Pünktlich um 8 Uhr stehe ich an der Straße. Nicolai, mein heutiger Reiseführer, taucht ebenfalls pünktlich auf. Wir begrüßen uns freundlich und ich steige zu ihm ins Auto. An dem Auto sind transnistrische Kennzeichen angebracht, weil Nicolai ja in Transnistrien wohnt und sein Auto dort zugelassen ist. Dennoch Seltenheitswert, da es dieses Land ja bekanntlich nicht gibt. Nicolai berichtet mir, dass wir noch zwei weitere Leute einsammeln werden, die zwei Straßen weiter in einem Hotel sind. So lerne ich kurze Zeit später Alex aus Lettland sowie Danja aus Tadschikistan kennen. Beides sehr freundliche Typen, die mich direkt mit Umarmung begrüßen. Sie unternehmen gerade eine gemeinsame Tour durch verschiedene Länder und kennen Nicolai schon länger. Bislang allerdings nur virtuell, persönlich sehen wir uns alle hier heute zum ersten Mal. Und die beiden sind richtig fertig, zerstört, haben die letzte Nacht ordentlich einen getrunken und mussten gerade erst einmal ihren weiblichen Besuch aus dem Zimmer werfen. Das kann ja ein lustiger Tag werden heute.

Wir verlassen die Stadt. Nicolai weiß unterwegs bereits eine Menge über Moldawien und Transnistrien zu erzählen, Alex und Danja von gestern Abend. Wir halten kurz, um uns mit Kaffee zu versorgen und da geht es für die beiden Reiselustigen hinten im Auto direkt weiter. Sie kaufen sich nicht nur Kaffee, sondern auch Bier und Schnaps. Kaum sind wir wieder im Auto, da bekomme ich das erste Bier und einen Schluck Schnaps angeboten. Beides lecker und so vergehen die nächsten zwei Stunden wie im Flug. Wir rauschen vorbei an zahlreichen Kastanien, welche hier nach der Katastrophe in Chernobyl gepflanzt wurden. Angeblich sollen Kastanienbäume die Strahlung filtern. Gleichzeitig wird sich ganz nett unterhalten und gegen 11 Uhr erreichen wir die Grenze, welche keine ist.

Zunächst müssen wir aus Moldawien ausreisen. Also theoretisch. Denn nach deren Ansicht verlassen wir das Land ja gar nicht. Eine Grenzkontrolle gibt es trotzdem. Wir werden aber gar nicht beachtet. Der Schlagbaum öffnet sich und man winkt uns durch. Keine Ausweiskontrolle, kein Stempel im Reisepass, offiziell verlassen wir das Land ja nicht. Dann folgt der nächste Kontrollposten. Hier geht es schon strenger zur Sache, denn hier stehen russische Soldaten. Demonstrativ wurden rundherum Militärfahrzeuge und Panzer abgestellt. Vier bewaffnete Soldaten inspizieren unser Auto, Nicolai spricht mit denen auf Russisch. Ich verstehe kein Wort, aber für meinen Geschmack geht die Unterhaltung verdammt lange und wird immer hitziger. Wir müssen aussteigen und unsere Reisepässe vorzeigen. Währenddessen redet Nicolai immer wieder mit den grimmig blickenden Soldaten. Ein paar Dokumente werden hin- und hergeschoben. Vielleicht auch Geldscheine? Ich weiß es nicht. Denn plötzlich lachen alle und wir können wieder einsteigen. Der

Schlagbaum öffnet sich und wir können durchfahren. Nach wenigen Metern erreichen wir dann den nächsten Kontrollposten. Wieder Militär, Panzer und böse blickende Soldaten. Jetzt aus Transnistrien. Wir müssen das Auto abstellen und aussteigen. Anschließend werden wir zu einem grauen Gebäude mit vergitterten Fenstern gebracht. Durch eine alte Holztür gelangen wir hinein. Hier sitzen hinter Glasscheiben ein paar Uniformierte und hier werden die Einreiseformalitäten für Transnistrien erledigt. Meinen Reisepass sowie die offizielle Einladung eines Einwohners, welche mir Nicolai vorher in die Hand drückt, muss ich dafür durch einen kleinen Schlitz in der Glasscheibe schieben. Zu zweit schaut man sich Pass und Einladung an, vergleicht mehrmals das Passfoto mit meinem Gesicht und anschließend wird wild am Computer rumgetippt. Formulare springen aus dem Drucker, munter werden so einige Stempel in die Formulare gehauen. In den Reisepässen darf man nicht stempeln, da man ja als Staat offiziell gar nicht existiert und somit auch keine internationalen Pässe abstempeln darf. Am Ende muss ich ein Formular unterschreiben und bekomme im Gegenzug einen kleinen Zettel ausgehändigt. Dieser sieht aus wie ein Kassenbon, ist aber das offizielle Visum für Transnistrien, dessen stolzer Besitzer ich nun bin.

Anschließend können wir zurück zum Auto, steigen wieder ein und fahren los. Mit dem jetzigen Visum darf ich mich 24 Stunden lang in Transnistrien aufhalten. Die Straßen sind zu Sowjetzeiten gebaut worden und sehen auch typisch sowjetisch aus, mehrere Spuren pro Fahrtrichtung, riesig, mit zahlreichen Fußgängerüberwegen. Dabei herrscht hier so gut wie kein Verkehr. Man sieht auch kaum Menschen.

Nach wenigen Minuten erreichen wir die Stadt Bender. Direkt am Ortseingang befindet sich rechts eine Sheriff-Tankstelle, links ein Sheriff-Supermarkt. Und dieses Sheriff wird uns von nun an überall verfolgen hier. Denn Sheriff ist das größte Unternehmen in Transnistrien und wurde im Jahr 1993 vom ehemaligen KGB-Agenten und Oligarchen Victor Gusan gegründet. Man könnte auch sagen, dass Transnistrien vom Sheriff-Konzern regiert wird, auch wenn das offiziell nicht so ist. Denn dem Konzern gehören die meisten Tankstellen, Einkaufszentren, Supermärkte, Fernsehsender, Verlagshäuser, Bäckereien, Werbeagenturen, Autohäuser, Likörfabriken, Mobilfunknetze und Kasinos des Landes. Selbst an den einheimischen Banken hat man Anteile und damit nicht genug, man übernahm auch den heimischen Fußballverein FC Sheriff Tiraspol und baute ihm ein eigenes und modernes Stadion mit angeschlossenem Luxushotel. Die Politik ist von Sheriff abhängig, umgekehrt genauso. Doch der Chef des Sheriff-Konzerns, Victor Gusan, ist quasi ein Geist. Denn weltweit existiert nur ein einziges Foto von ihm. Er tritt niemals öffentlich auf, gibt keine Interviews, man sieht ihn nicht, man hört ihn nicht, doch er zieht alle Fäden. Und diese Fäden nehmen dunkle Wege. Von Geldwäsche ist die Rede, Schmuggel im großen Stil. Denn Transnistrien importiert 35-mal mehr Zigaretten, als die Bevölkerung überhaupt raucht. Die oberen politischen Posten sind eng mit Gusan verbündet, oft verwandt, wie sein Sohn, der ein hochrangiger Abgeordneter ist. Außerdem ist Gusan ein Freund Putins. Das spiegelt sich sogar bei Fußballspielen des FC Sheriff wieder, denn auch die Fans sind alle pro-russisch eingestellt, skandieren immer wieder *„Russia"* oder sie singen die russische Nationalhymne. Die Spieler der Mannschaft sind nicht alle freiwillig da, denn bei den Verhandlungen ist Gusan oft persönlich anwesend, irgendwo in einem geheimen Raum, in dem nur ein Tisch und zwei Stühle stehen. Auf dem Tisch liegt ein Haufen Geld und eine Pistole. Da bleibt nicht viel Handlungsspielraum. Bei den Spielen ist Gusan meistens anwesend, doch man sieht ihn nicht. Er sitzt irgendwo in einem versteckten Raum im Stadion. Niemand sieht, wie er ins Stadion kommt oder wie er nach dem Spiel das Stadion verlässt. Ein einziges Mal ist er aufgefallen, so berichtet ein ehemaliger Spieler. Denn bei diesem Mal war Gusan wohl mit der Leistung der Mannschaft nicht zufrieden, kam während der Halbzeitpause in die Kabine, zog den Auslöser einer Handgranate und warf sie in die Mitte. Eine Attrappe, um die Mannschaft wachzurütteln.

Wir parken auf einem kleinen Parkplatz und Nicolai erklärt uns, dass hier in diesem Land keine unserer Bank- oder Kreditkarten funktionieren. Nichts wird hier funktionieren, auch kein Handynetz, kein Internet. Man ist also gezwungen sein Geld an einer Wechselstube zu wechseln, in transnistrische Währung. Und die ist nur hier in diesem Land gültig. In keinem Land dieser Welt kann man die Währung zurücktauschen, weil es diese Währung offiziell nicht gibt. Doch hier in Transnistrien kann man eben nur mit dieser Währung bezahlen.

Wir steigen aus, überqueren die Straße und stehen an einer Wechselstube, wo mir dann für 400 moldauische Leu gleichwertig 400 transnistrische Rubel gereicht werden. Anschließend gehen wir in den Supermarkt und da gibt es dann transnistrischen

Likör. Einheimische Spezialitäten also, da können wir nicht widerstehen. Vor allem Alex und Danja freuen sich über diesen Kauf und denen läuft das Wasser schon wieder im Mund zusammen. Wir schaffen es gerade einmal bis vor die Tür, als die erste Likörflasche die Runde macht. Prost!

Nach dieser kleinen Stärkung steigen wir wieder ins Auto, fahren ein paar Minuten und erreichen dann die Festung Bender. Bis vor kurzem war diese Festung in militärischer Hand. Nur geladene Staatsgäste durften diese Burg besuchen. Doch dann kaufte der Sheriff-Konzern dieses riesige Gelände. Wer auch sonst. Am verrosteten Eingangstor ist zwar noch nichts von Tourismus zu erkennen, doch Nicolai kennt sich aus, verschwindet kurz in einem Gebäude und kommt anschließend mit Besuchertickets wieder heraus. In Zukunft will Sheriff aus dieser Festung eine Touristenattraktion machen, eine Art Freizeitpark für Jung und Alt. Geplant sind auch ein riesiges Luxushotel sowie eine Jugendherberge. Im Moment schauen wir über ein riesiges, brach liegendes Gelände mit verschiedensten historischen Gebäuden und Türmen. An den Toren hängen überall noch rote Sowjetsterne.

Erbaut wurde diese Anlage Anfang des 16. Jahrhundert durch den moldauischen Herrscher Stefan cel Mare. Zwischen hohen Burgmauern entdecken wir direkt am Anfang die Statue des Barons von Münchhausen. Und tatsächlich entstand eine seiner Lügengeschichten auf dieser Festung. Denn seinen Erzählungen nach sollte er einst eine Festung auf der Krim ausspionieren. Hierzu schwang er sich auf eine Kanonenkugel, welche hier auf der Festung Bender abgeschossen wurde. Er überflog die Krim, sprang auf eine entgegenkommende Kanonenkugel und schwebte zurück. Einfallsreich war er ja, der Baron von Münchhausen.

Im Jahr 1713 gehörte die Festung zum Osmanischen Reich. Gleichzeitig ließ sich hier der schwedische König Karl XII. nieder. Gemeinsam wollte man in Polen einmarschieren und so zum Russischen Reich vordringen. Es kam zu einigen Missverständnissen untereinander, welche dazu führten, dass es auf der Festung zu einem großen Handgemenge kam. Und das war kein übliches Handgemenge, denn gegenseitig wurden übelste und menschlich kaum vorstellbare Foltermethoden angewandt. In einem kleinen Raum hier sind die Werkzeuge ausgestellt und man braucht alleine bei der Besichtigung schon starke Nerven.

Wir schlendern zwischen den Gebäuden her, laufen über die alten Burgmauern und genießen dabei die weitreichende Aussicht. Wir blicken auf den Fluss Dnister, in der einen Richtung über weite und grüne Landschaften, in der anderen Richtung auf die Stadt Bender. Über eine waghalsige Wendeltreppe gelangen wir durch das alte Gemäuer auf den großen Wehrturm und genießen noch mehr Aussicht.

Hinter der Festung finden wir zahlreiche Statuen von irgendwelchen Persönlichkeiten sowie viele Denkmäler, welche an die Schlachten erinnern sollen, die hier schon stattgefunden haben. Anschließend laufen wir zurück zum Auto. Nur wenige Minuten von der Festung entfernt stoßen wir auf einen riesigen Kreisverkehr. Hier ist der zentrale Knotenpunkt für alle, die ins Land kommen. Und so stehen auf dem Kreisverkehr sowie rundherum zahlreiche Denkmäler. Zum Beispiel ein Mahnmal für die Gefallenen des Transnistrien-Krieges im Jahr 1992 in Form eines zerstörten Schützenpanzerwagens, dessen sechsköpfige Besatzung hier an dieser Stelle ihr Leben verlor. Daneben steht eine Kapelle mit goldener Spitze und fünf Gedenktafeln, auf der alle Gefallenen des Krieges namentlich erwähnt werden. Ein paar Meter weiter steht das Denkmal zum Tag der Rückeroberung durch die Sowjets, standesgemäß mit den kommunistischen Symbolen Hammer und Sichel. Direkt daneben befindet sich ein militärischer Wachposten, der auch heute noch besetzt ist. Leider ist in diesem Land das Fotografieren verboten, besonders streng wird dieses Verbot bei Kontrollposten, Grenzanlagen und militärischen Objekten überwacht. Auch mir gelingen nur ab und zu hinter vorgehaltener Hand ein paar Schnappschüsse. Diese speichere ich direkt an einem geheimen Ort auf meinem Handy, denn Nicolai warnt uns, dass bei Ausreise manchmal die Bildergalerien der Handys und Kameras kontrolliert werden und man das Land erst verlassen darf, wenn alle in Transnistrien geschossenen Bilder gelöscht wurden.

Wir fahren weiter in die Innenstadt von Bender und parken in einer kleinen Seitenstraße. Von hier laufen wir zu einer riesigen Markthalle. Hier darf jeder Bewohner einen Stand aufbauen und seine Produkte anbieten. Ganz unkompliziert. Und man bekommt alles, von frischem Obst und Gemüse bis hin zur gebrauchten Winterjacke. Oft stehen ältere Frauen hinter den Tischen, die liebevoll frische Salate oder typisch russische Kaltspeisen zubereitet haben und hier verkaufen. Auf einigen Tischen liegt Fleisch von verschiedensten Tieren, frisch aus eigener Schlachtung. So verdienen sich viele Einheimische ein bisschen Geld dazu. Und die älteren Frauen sind alle so liebevoll, nett und freundlich, das kann man kaum beschreiben. Sie sind so mächtig stolz auf ihre Produkte, man soll mal hier und mal da probieren und am Ende der Markthalle ist man fast schon satt.

Nicolai, Alex und Danja unterhalten sich mit den Frauen auf Russisch und wir kommen gar nicht mehr weiter. Am Ende kaufen Alex und Danja ein paar typisch russische Salate. *„Für heute Abend"*, meint Alex. Denn in den ehemaligen Sowjetstaaten sowie heute immer noch in Russland gehören die Salate zu einem gemütlichen Abend dazu, wie bei uns eine Tüte Chips. Und wie bei uns eine Flasche Bier dazugehört, ist es hier der Wodka. Die anderen erklären mir, dass Wodka nur schmeckt, wenn man diese Salate dazu isst. Und umgekehrt. Gleichzeitig lädt man mich ein heute Abend in Chişinău mit auf deren Hotelzimmer zu kommen. Auf einen Salat. Und einen Wodka. Ich bin gespannt.

Bei einer der Frauen wechsle ich noch einen Geldschein zu Münzen. Denn die sind hier aus Kunststoff und damit etwas Besonderes, sogar einzigartig auf der Welt. Ein wenig erinnern die Münzen hier an Spielgeld und im Grunde genommen ist es auch nicht viel mehr wert. Die Münzen werde ich hier nicht ausgeben und als Erinnerung mit nach Hause nehmen.

Anschließend laufen wir noch an der Universität vorbei. Hier büffeln die einheimischen Studenten und machen ihre Abschlüsse. Doch wie alles hier, sind auch diese Abschlüsse nirgendwo auf der Welt etwas wert. Transnistrische Abschlüsse und Titel werden international nicht anerkannt, sie nützen den Absolventen nur in Transnistrien etwas. Von daher zieht es viele Jugendliche zum Studium nach Russland, nur selten ins benachbarte Moldawien. Manche wollen für immer weg, nicht länger quasi illegal in einem nicht existierenden Staat beheimatet sein und keine Zukunftsperspektiven haben. Andere leben hier voller Nationalstolz und wollen niemals weg. Allgemein herrscht hier eine friedliche und sehr ruhige Stimmung. Die Menschen sind zufrieden. Vor meiner Reise hierher hörte ich immer nur, wie gefährlich das doch in Transnistrien sei. Auch im Internet liest man überall nur etwas von Gefahr. Doch hier ist alles ruhig, entspannt und keinesfalls gefährlich. Aber seltsam. Vielleicht auch ein stückweit beängstigend, denn in diesem Land haben korrupte Politiker das Sagen, Menschenrechte werden hier kaum beachtet, die Lebensumstände sind alles andere als toll. Das muss man natürlich nicht gutheißen und das werde ich auch nicht, aber von Gefahr für Besucher und Touristen ist hier keine Spur zu sehen. Im Gegenteil. Man fühlt sich sicher.

Wir steigen wieder ins Auto und fahren zum Kulturhaus, wo wir erneut aussteigen. Was uns direkt auffällt, auf so ziemlich jedem Gebäude weht nicht nur eine transnistrische Flagge, sondern eben auch eine Russische. Man spürt die Verbundenheit an jeder Ecke. Und den Drang zum Kommunismus. Denn ebenso steht an so ziemlich jeder Ecke eine Lenin-Statue. An fast allen Toren, Zäunen und Plätzen hängen Hammer und Sichel sowie der rote Sowjetstern. Alles ist noch so, wie es hier zu Sowjetzeiten war. Als wäre die Zeit stehengeblieben.

Hinter dem Kulturhaus befindet sich ein riesiger und schöner Park. Zwar sind die meisten Gebäude sowie viele Straßen in der Stadt ziemlich marode, aber die Parkanlagen und Plätze sind hier wirklich alle sehr sauber, werden liebevoll gepflegt und instandgehalten. Auch in diesem Park finden wir wieder verschiedene Statuen von Revolutionären der kommunistischen Untergrundbewegungen sowie die graue Abbildung eines Sowjetsoldaten mit zwei ehrfürchtigen Kindern. Dieses Denkmal wurde erst im Jahr 2017 erstellt und dankt den Sowjets als Befreier beziehungsweise den Russen als großer Beschützer.

Anschließend fahren wir zum Bahnhof. Ein imposantes Gebäude mit einem riesigen, sandigen und staubigen Vorplatz. Menschen sind hier nicht zu sehen, dafür eine Menge herumstreunende Hunde. Auch Züge bekommen wir hier nicht zusehen, außer einer alten Dampflok mit ein paar sowjetischen Waggons hinten dran, in die wir sogar hineinkönnen. Ansonsten weisen fast alle Gebäude hier zahlreiche Einschusslöcher auf. Kaum ein Gebäude, egal ob öffentlich oder Wohnhaus, das keine Kriegsspuren aus den 1990er-Jahren aufweist. Das ist schon ein sehr bedrückendes Gefühl.

Wir verlassen nun Bender und fahren über die Brücke, erreichen das andere Ufer des Dnister und kurz danach auch schon das riesige Ortsschild der Hauptstadt Tiraspol. Auf der linken Seite befindet sich das neue Sheriff-Stadion, ein paar Meter weiter auf der rechten Seite ein großes Sheriff-Einkaufszentrum. Geradeaus blicken wir auf gewaltige Sowjetbauten, allesamt diese typischen Wohnkomplexe oder ehemalige Hotels, welche aber mangels Tourismus seit Jahren leer stehen.

Wir halten an einem Restaurant. Nicolai berichtet uns, dass er hier ab und zu gerne zu Mittag isst und er führt uns in den Laden. Auf einer Strecke von zwei Metern müssen wir fünf Türen durchqueren, um hinein zu kommen und dann stehen wir plötzlich in einer anderen Welt. Sowjetunion. Siebziger, vielleicht Achtziger Jahre. Kunstvoller Teppich unter unseren Füßen, Teppiche an den Wänden, viel Deko aus einer Zeit, die es gar nicht mehr gibt und nostalgische Möbel. Der ein oder andere Einheimische lässt sich hier gerade sein Mittagessen servieren und auch wir nehmen im Nebenzimmer an einem der Tische Platz. Dies ist das Fernsehzimmer, doch der hier stehende Fernseher ist mehr als nostalgisch. Für Bestellungen steht ein altes Telefon mit Drehscheibe auf dem Tisch. Doch das benötigen wir nicht, da wir direkt von zwei Kellnerinnen mehr als freundlich begrüßt werden. Die beiden nehmen unsere Getränkebestellungen auf und natürlich wollen wir das einheimische Bier probieren. Schon kurze Zeit später tauchen die beiden wieder auf, servieren aber kein Bier, sondern jedem von uns ein kleines Tablett, auf dem jeweils sechs kleine Gläser mit farblich unterschiedlichen Wodkasorten stehen. Begrüßungsgetränk quasi. Sechs Wodka. Wo soll das enden? Wir stoßen an. Und der Inhalt des ersten Glases geht runter wie Öl. Wirklich lecker. Kurz danach kommt auch unser bestelltes Bier. Gleichzeitig geben wir unsere Essensbestellung auf und da holen wir so richtig aus, einmal quer durch die Karte.

102

Als uns das Essen serviert wird stockt uns dann der Atem. Als Vorspeise hatten wir Borschtsch bestellt. Die Schüsseln sind einfach riesig, dazu gibt es eine Menge Brot und verschiedene Dips, dazu Kaviar, denn der ist hier sehr beliebt – und günstig. Dazu hatten wir Schaschlik und eine Hähnchenspeise bestellt, doch da kommt für jeden einzelnen von uns ein kleiner Grill, an dem sich ein riesiger und prall gefüllter Metallspieß befindet. Auf einem weiteren Teller, den jeder von uns bekommt, befinden sich landestypische Hähnchenspeisen in unterschiedlichsten Variationen und als Beilage gibt es für jeden einen großen Teller, auf dem sich mit Fleisch und Käse gefüllte Teigtaschen befinden. Dazu wird noch eine Fleischplatte in die Mitte gestellt. So als Snack zwischendurch. Eine herumstreunende Katze schleicht um unsere Beine, springt plötzlich auf einen freien Stuhl und schaut sich genauso kopfschüttelnd unser Mittagessen an wie wir selbst. Das würde für drei Tage reichen. Mindestens. Aus Höflichkeit schlagen wir uns die Mägen so richtig voll, auch wenn wir schon lange nicht mehr können. Die Katze hilft fleißig mit, zieht aber irgendwann auch völlig geschafft von dannen. Und dem Personal hier gefällt es, dass es uns gefällt. Selbst die in die Jahre gekommene Köchin kommt aus ihrer Küche angelaufen, freut sich ebenfalls und umarmt uns. So etwas ist an Herzlichkeit einfach nicht zu überbieten.

Wir spülen kräftig mit Bier und Wein nach, dazu noch unsere verbliebenen Begrüßungswodka und am Ende bestellen wir die Rechnung. Doch dann bleibt uns der letzte Schluck Wodka quasi im Hals stecken. Das meinen die doch nicht ernst hier. Für all das, was man uns vier Leute (und Katze) soeben serviert hat, will man am Ende insgesamt umgerechnet etwa 15 Euro haben.

Wir verstehen die Welt nicht mehr. Alex fackelt nicht lange und bezahlt die komplette Rechnung, legt noch ordentlich Trinkgeld oben drauf.

Nur mühsam erheben wir uns von den Plätzen und verlassen das Restaurant. Draußen steht noch ein uralter Wasserautomat aus Sowjetzeiten vor der Tür. Doch wir benötigen nichts mehr und machen das einzig Richtige: einen Spaziergang.

Nach ein paar hundert Metern erreichen wir die „Straße des 25. Oktober". Dies ist die zentrale Straße der Stadt, welche sich schnurgerade hindurch zieht. Alle anderen Straßen wurden an dieser Straße ausgerichtet und alle wichtigen Sehenswürdigkeiten befinden sich an dieser typisch breiten Straße.

Wir sehen das imposante Rathaus mit einem riesigen Sowjetstern obendrauf, immer wieder Sowjetstatuen, Helden-, Kampf-, Propaganda- und Kriegerdenkmäler. An vielen Stellen stehen Militärfahrzeuge oder gar Panzer. Durch grüne Parkanlagen hindurch erreichen wir schließlich das gewaltige Regierungsgebäude, natürlich mit transnistrischer und russischer Flagge obendrauf. Davor befindet sich eine mehr als überdimensionale Lenin-Statue. Alles wirkt so unwirklich und man kommt sich in jeder Sekunde dermaßen überwacht vor, dass man sich kaum traut sein Handy für ein geheimes Foto aus der Tasche zu ziehen.

Nachdem wir die Straßenseite gewechselt haben stehen wir wieder vor ein paar Denkmälern, unter anderem für die zahlreichen verstorbenen Einheimischen nach der Katastrophe im etwa 700 Kilometer entfernten Chernobyl.

Wir laufen an einem Panzer vorbei und landen in einer kleinen Einkaufsstraße. Wie zu Sowjetzeiten üblich sind die Geschäfte alle ohne Schaufenster ausgestattet. Entweder weiß man, was es in den Läden zu kaufen gibt, oder man schaut hinein. Anschließend erreichen wir das Ufer des Dnister und hier gibt es sogar einen kleinen Sandstrand. Unser Weg führt uns nun zurück zum Auto. Nicolai fährt uns zu seiner Wohnung und lädt uns zu einem Wodka ein, vielleicht zwei. Dazu will er uns ein paar Häppchen anbieten, aber wir sind nach dem ausgiebigen Essen heute Mittag noch mehr als voll.

Gegen Abend bringt uns Nicolai dann zu Fuß zu einer Bushaltestelle. Hier steht ein einziger und fast durchgerosteter Kleinbus. Die Türen sind geschlossen. Auf dem Fahrersitz sitzt ein ziemlich alter Mann im blauweißen Blümchenhemd. Darüber trägt er eine Lederweste und der Mann schläft tief und fest. Erst nach einigen Versuchen können wir ihn wecken und er öffnet uns die Türen. Wir sind Nicolai mehr als dankbar für die vergangenen Stunden, doch nun ist die Zeit des Abschieds gekommen. Nach einer herzlichen Umarmung steige auch ich in den Bus und setze mich auf einen der verschlissenen Sitze. Nur kurze Zeit später schaukeln wir los – und das ist bei den Straßenverhältnissen hier kein Spaß in einem Bus, der vermutlich genauso alt ist wie sein Fahrer.

Wir fahren durch Tiraspol und von der Hinfahrt mit Nicolai weiß ich, dass wir gleich am Sheriff-Stadion vorbeikommen. Ich halte dem Busfahrer einen Geldschein hin und frage ihn, ob er dort kurz anhalten kann. Und das macht der wirklich. Ich steige aus und schaue mir den Komplex an. Denn hier gibt es nicht nur das Hauptstadion mit 12.746 Plätzen, sondern direkt daneben auch ein kleineres Stadion mit 8.000 Plätzen sowie eine Fußballhalle mit 3.500 Plätzen. Außerdem gibt es auf diesem Gelände ein Sheriff-Einkaufszentrum, eine Sheriff-Fußballschule, acht Trainingsplätze, ein paar Tennisplätze, eine Mehrzweck-Sporthalle, eine Schwimmhalle und ein medizinisches Zentrum. Ein gewaltiger und moderner Komplex, der nicht wirklich zum übrigen Stadtbild passt. Ich versuche noch das ein oder andere Foto zu schießen, doch das ruft direkt die Wachleute auf den Plan. Also steige ich schnell wieder in den Bus, mit dem wir nun bis zur Grenze fahren.

Für die Ausreise müssen wir wieder aussteigen. Wir werden ins Gebäude geleitet, vor dem bewaffnete Soldaten stehen. Unser Visum wird nun wieder einkassiert und man fragt mich, ob ich Bilder gemacht hätte. Sicherheitshalber will man meine Bildergalerie auf dem Handy sehen und natürlich sind an diesem Speicherort keine Bilder zu finden. Nicolai hatte uns ja vorgewarnt. Anschließend verlassen wir Transnistrien, als wären wir nie hier gewesen. Offiziell sind alle Dokumente und Bilder vernichtet. Wir waren also nie in einem Land, dass es gar nicht gibt. Was für ein Satz. Und was für eine Erfahrung.

Am nächsten Grenzposten warten die Russen. Diese inspizieren den Bus und uns auch noch einmal genauestens. Unser Busfahrer muss so einige Fragen beantworten, erst dann wird die Grenze geöffnet und wir können bis zum moldawischen Grenzposten vorfahren. Da wir aber offiziell nie aus Moldawien ausgereist sind, reisen wir nun auch nicht wieder ein. Die Uniformierten an der Grenze interessieren sich nicht für uns und wir werden direkt durchgewunken.

Die nächsten anderthalb Stunden schaukeln wir durch Moldawien. Ich bin ziemlich kaputt, aber schlafen kann ich in dieser Klapperkiste hier auch nicht und bin bei den Straßenverhältnissen mehr damit beschäftigt mich am Sitz festzuhalten, um keinen Abflug zu machen. Von Chişinău aus fährt täglich ein Zug in die Ukraine nach Odessa. Davon sind Alex und Danja so heftig begeistert, dass sie sich spontan für morgen früh Tickets holen wollen. Die gibt es am Bahnhof in Chişinău. Unser Bus hält aber leider an einer anderen Stelle. Doch wir sind ja nicht in Deutschland hier, also bekommt der Busfahrer nochmal ein paar Scheine zugeschoben und er macht schließlich einen Zwischenstopp am Bahnhof. Nur wenige Minuten später kommen Alex und Danja mit Tickets in der Hand wieder heraus und wir fahren zum eigentlichen Ziel dieser Busfahrt. Von hier aus sind es nur wenige Minuten Fußweg bis zum Hotel von Alex und Danja. Denn da war ja noch was, Salat und Wodka. Tatsächlich finden wir uns nur kurze Zeit später in deren Hotelzimmer wieder und der russische Abend kann beginnen. Wir genießen ziemlich brachial, so dass gegen Mitternacht vom mitgebrachten Salat und Wodka nichts mehr übrig ist. Der Weg führt uns in die Hotelbar, wo wir für wenig Geld viele Cocktails bekommen. Anschließend starten wir noch eine Kneipentour durch die Stadt, so dass ich erst am frühen Morgen zurück in meinem Hotel bin, endlich die kurzen Beine lang machen kann.

CHISINAU – HAUPTSTADT MOLDAWIENS

Nur drei Stunden später bin ich wieder wach. Wenig Schlaf, einen ordentlichen Kater, also erstmal eine Brausetablette, dann Zähneputzen und einen Kaffee. Denn ich möchte ja noch etwas von der Stadt sehen hier. Als ich vor die Tür gehe und mir draußen eine rauche, kommt direkt die freundliche Besitzerin auf mich zu und unterhält sich ganz nett mit mir. Nebenbei bittet sie mich, nicht am Fenster meines Zimmers zu rauchen, denn genau das hatte ich ja vorgestern Abend gemacht und wurde wohl gesehen. Sie überreicht mir einen Schlüssel, mit dem ich direkt neben meinem Zimmer auf einen kleinen Balkon komme. Sie hätte mir auch schon einen Aschenbecher dorthin gestellt. Wirklich nett.

Anschließend laufe ich los. Kurz nach 9 Uhr, also noch genügend Tag übrig. Mein erstes Ziel ist die Musikakademie, welche nur ein paar Gehminuten von meinem Hotel entfernt liegt. Das Gebäude ist nicht so grandios, wie ich es mir vorgestellt hatte, aber ganz nett anzuschauen. Ich laufe weiter und komme an einigen streng bewachten Botschaften vorbei, bevor ich in eine Seitenstraße abbiege. Hier sieht alles ziemlich verlassen aus. Ausgeschlachtete Autos stehen am Straßenrand, viel Müll liegt herum, die Straße ist brüchig und ein paar streunende Hunde laufen herum. Der Weg führt mich aber direkt in den Valea Morilor Park. Über schmale Sandpfade läuft man hier durch die weitreichenden Grünanlagen auf einer Fläche von umgerechnet etwa 163 Fußballfeldern. Auch hier stehen wieder alle paar Meter Parkbänke zum Ausruhen, ich komme an einer kleinen Kapelle vorbei und erreiche das Sommertheater mit 6.700 Sitzplätzen. Ursprünglich wurde dieser Park im Jahr 1950 als zentraler Park für Kultur und Freizeit des leninistischen Komsomol angelegt. Und auch heute noch gibt es hier viele kulturelle Angebote, als auch zahlreiche Sport- und Fitnessgeräte, Joggingpfade, Bolzplätze und sogar eine Kinderstadt für die Kleinsten. Am Ende des Parks geht es über eine riesige Wasserfalltreppe aus Granit ganze 218 Stufen bergab. Unten angekommen steht man am Ufer eines Sees. Und der ist mit einer Größe von etwa 50 Fußballfeldern auch nicht klein. Hier gibt es so einige Statuen und Denkmäler, aber auch wieder viele Freizeitangebote, wie Bootsstationen, Ruderschulen und Angelplätze. Im Winter verwandelt sich dieser See zu einer riesigen Eisbahn. Ein wirklich idyllisches Fleckchen innerhalb der Hauptstadt Moldawiens mit einer traumhaften Aussicht auf die dahinter liegende Bergwelt.

So toll die Wasserfalltreppe soeben auch war, um zurück in die Stadt zu kommen muss ich nun unweigerlich wieder bergauf. Hierfür wähle ich eine der normalen Treppen, welche zurück ins Zentrum führen, aber die mehreren hundert Stufen verlangen mir heute Morgen alles ab. Oben muss ich erst einmal ordentlich durchschnaufen. Anschließend laufe ich weiter und erreiche an einer staubigen Straßenkreuzung das Dinamo Stadion Chişinău. Ein wuchtiges Bauwerk, umgeben von hohen Mauern, mit einem riesigen Eingangstor und gemauerten Kassenhäuschen daneben. Ursprünglich im Jahr 1894 erbaut wurde das Stadion im Zweiten Weltkrieg leider zerstört, jedoch schnell wieder restauriert und es galt bis zum Jahr 1951 als Hauptstadion der Stadt. Danach ruhte der Spielbetrieb hier für einige Jahre, bis im

Jahr 1964 der Fußballverein FC Politehnica Chişinău gegründet wurde und fortan seine Heimspiele hier austrug – die meiste Zeit sogar als Erstligist. Im Jahr 2017 wurde der Verein aber leider aufgelöst. Seitdem ist der neu gegründete Sportverein Dinamo hier beheimatet. Dabei ist das kein klassischer Verein, sondern eher eine Verwaltungsbehörde, welche für die Ausbildung der nationalen Leistungssportler zuständig ist.

Ich komme problemlos auf das Stadiongelände und stehe direkt vor der einzigen und 2.888 Zuschauer fassenden Tribüne. Das sieht schon alles sehr alt aus hier, aber auch gepflegt. Auf dem Rasen und rundherum werden gerade die unterschiedlichsten Sportarten trainiert, oft finden hier auch Wettkämpfe statt, manchmal auch Fußballspiele. Hier kommt einfach jeder her, entweder, um organisiert Sport zu treiben, in kleinen Gruppen, professionell oder einfach für sich selbst. Das fängt bei Kindern an und geht bis hin zu Senioren.

Ich setze mich kurz auf die Tribüne und verschnaufe etwas, anschließend laufe ich am Rasen entlang und gehe hinter die Tribüne. Da ändert sich der Pflegezustand dieser Anlage dann schlagartig. Überall liegen Baumaterialien und Müll herum, die Bier- und Essensstände sind ewig nicht mehr genutzt worden und völlig vergammelt, die Zugänge zu den Umkleidekabinen und den sanitären Anlagen sind völlig marode. Das erklärt auch, warum sich viele hier einfach auf der Tribüne umziehen, denn dort lagen zig Sporttaschen und Klamotten herum. Diebstahl gibt es hier wohl nicht. Ähnlich wie in der Ukraine, wo es auch kaum Kriminalität gibt. Auch wenn man das als Westeuropäer ohne Hintergrundwissen oft anders vermutet.

Ich mache jedenfalls auch Sport und laufe an tollen Graffiti-Mauern entlang in Richtung Innenstadt. Dabei durchquere ich wieder den Park von Stefan dem Großen, welchen ich vorgestern ja schon gesehen habe. Am Haupteingang steht auch eine riesige Statue vom großen Stefan. Dieses Denkmal wurde im Jahr 1927 genau an dieser Stelle errichtet. Bis dahin stand hier das Denkmal für Alexander II. von Russland, welches gleichzeitig zerstört wurde. Im Zweiten Weltkrieg hatte man daher Sorge, dass die Russen das neue Denkmal zerstören würden. Man baute die Statue ab und brachte sie nach Rumänien in Sicherheit. Erst nach dem Zerfall der Sowjetunion und der Unabhängigkeit Moldawiens kehrte die Statue zurück und wurde an dieser Stelle wiederaufgebaut.

Ich laufe einmal um die Ecke und stehe auf dem riesigen Platz der großen Nationalversammlung. Zu Sowjetzeiten noch Siegesplatz genannt, fanden hier die großen Paraden zu Ehren des Sozialismus statt. Heute dient ein Teil des Platzes als Verkehrsknotenpunkt, der andere Teil ist quasi der Vorplatz zum beeindruckenden Regierungsgebäude.

Ein paar Meter weiter befindet sich das nationale Geschichtsmuseum, welches bis zum Jahr 1977 als Knabengymnasium diente. Dann wurde Chişinău von einem Erdbeben erschüttert, dieses Gebäude stark beschädigt und anschließend zum Museum umgebaut. Dagegen sieht der Nationalpalast eher verlassen aus. Dieses Gebäude wurde von den Sowjets im Jahr 1984 als Kulturzentrum erbaut, eben ein typischer Sowjetbau um die Bevölkerung bei Laune zu halten. Seit dem Zerfall der Sowjetunion dient dieses Gebäude dem moldawischen Außenministerium sowie für verschiedenste Konferenzen, Tagungen und Workshops. Der große Konzert- und Theatersaal in diesem Gebäude wird aber auch in heutiger Zeit noch manchmal für Aufführungen genutzt.

Auf der anderen Seite des riesigen Platzes befindet sich ein typischer Triumphbogen. Dieser hier wurde im Jahr 1840 anlässlich des russischen Sieges im Russisch-Türkischen Krieg erbaut. Die Glocke hoch oben im Triumphbogen hat ein Gewicht von 6,4 Tonnen und wurde angeblich aus den erbeuteten türkischen Kanonen gegossen. Und durch den Triumphbogen hindurch blickt man direkt auf die beeindruckende Kathedrale der Geburt des Herrn. Ein wirklich schönes Kirchengebäude und gleichzeitig Hauptsitz der Moldauisch-Orthodoxen Kirche. Das Bauwerk entstand zwischen 1830 und 1836, wurde aber im Krieg 1941 stark beschädigt. Der Wiederaufbau durch die Deutschen gelang noch vor Kriegsende. Doch die Sowjetunion hatte andere Pläne mit diesem Gebäude. Im Jahr 1963 ließ man nachts und ohne Vorankündigung den Glockenturm sprengen. Gottesdienste gab es hier fortan nicht mehr, sondern man nutzte das Gebäude als Ausstellungshalle des Ministeriums für sozialistische Kultur. Erst nach dem Zerfall der Sowjetunion begannen die Restaurierungsarbeiten, welche 1996 abgeschlossen wurden. Danach wurde der Glockenturm neu errichtet und seitdem dient dieses Gebäude auch wieder als Sakralbau.

Läuft man ein wenig die Straße entlang, so sticht einem unweigerlich der Skytower ins Auge. Zwischen all den historischen und wirklich gut gepflegten Gebäuden hier im Zentrum ragt er plötzlich mit seiner modernen Glasfassade über alles hinweg. Dieser Neubau aus dem Jahr 2007 ist das erste und einzige moderne Bürozentrum in der Republik Moldau und das wichtigste Businesscenter des Landes. Hier treffen sich die wichtigsten Geschäftsleute aus dem In- und Ausland. Sie haben hier ihre Büros. Das Gebäude hat ein eigenes Parkhaus, verschiedene Restaurants und gilt als Prestige-Objekt. Irgendwie wirkt der Bau aber trotzdem fehl am Platze.

Dreht man sich nur einmal um, blickt man direkt auf ein klassisches Gegenstück, nämlich das Nationaltheater. Baubeginn für dieses Gebäude war im Jahr 1931, doch während der Wirtschaftskrise im Jahr 1932 wurden die Bauarbeiten eingestellt. Im Zweiten Weltkrieg wurde die Stadt überwiegend von der Sowjetunion zerstört. Außer dieses Gebäude. Denn das hatte man als Rohbau gar nicht auf dem Schirm. Und plötzlich war die Stadt ein Teil der Sowjetunion und man merkte schnell, dass man ja fast alles zerstört hatte. Kurzerhand wurde dieses Gebäude nun von den Sowjets fertiggestellt und alle wichtigen Institutionen, die man vorher selbst zerbombt hatte, wurden in diesem Gebäude untergebracht, wie die Stadtbibliothek, das Konservatorium und sogar ein Theater mit 800 Plätzen. So nach und nach bekamen die wichtigsten Institutionen wieder ihre eigenen Gebäude, so dass dieser Bau hier seit 1953 nur noch als Theater dient.

Ich schaue mir am Ende der Straße noch ein Einkaufszentrum an, welches mich aber nicht wirklich überzeugt. Zwar gibt es drei Stockwerke, aber alles ist ziemlich dunkel mit unübersichtlichen und komplizierten Wegen und Treppen, die Läden sind klein und Menschen sind hier kaum auszumachen. Überhaupt sieht man hier nicht viele Menschen und im Gegensatz zur Ukraine sind die Einwohner hier auch nicht so freundlich und offen. Alles wirkt etwas finsterer, bedrückter und weniger weltoffen. Hier ist noch deutlich mehr aus der sozialistischen Zeit zu spüren.

Ich kaufe etwas Bier für heute Abend und Brot für morgen früh. Und ich finde eine Art Schnellimbiss, wo ich mir einen Burger gönne. Anschließend laufe ich einmal öfter an Stefan dem Großen vorbei, denn am anderen Ende seines Parks befindet sich mein Hotel.

Heute Abend findet hier in Chişinău ein Länderspiel statt. Ich habe mir bereits ein Ticket besorgt und das Stadion liegt mitten zwischen alten Plattenbauten. Es gibt richtige Flutlichter. Und ich habe diesen Länderpunkt noch nicht. Doch bis zum Spiel habe ich noch etwas Zeit und ich erkunde noch etwas das Hotelgebäude, denn die oberen Stockwerke sind hier quasi noch Rohbau. Absperrungen gibt es nicht und ich schlendere ein wenig herum. Schließlich gehe ich noch auf den kleinen Balkon und will mir eine rauchen. Bis zum Spiel habe ich noch etwas Zeit. Plötzlich klopft es an der Balkontür. Ein Rumäne und ebenfalls Hotelgast, wie sich herausstellt. Und durstig. Er hat zwei Flaschen Bier in der Hand und bietet mir direkt eine davon an. Er spricht nur ganz schlechtes Englisch, aber irgendwie verständigen wir uns. Die beiden Bier haben wir ziemlich schnell leer, so dass ich noch die zwei Flaschen aus meinem Zimmer hole, welche ich heute Mittag im Einkaufszentrum gekauft hatte.

Danach wird es aber auch Zeit und ich bestelle mir per App ein Taxi. Nur drei Minuten später werde ich unten eingesammelt und wir brausen los in Richtung Stadion. Fahrtzeit etwa 20 Minuten, Kosten umgerechnet etwa 1,50 Euro. Unschlagbar günstig. Mit dem Bus wäre ich zwar noch günstiger dran gewesen, hätte dafür aber umsteigen müssen und wäre über eine Stunde lang unterwegs gewesen.

Am Stadionul Zimbru angekommen ist alles so, wie ich es mir tatsächlich vorgestellt hatte. Zwar ist das Stadion mit seinen 10.500 Zuschauerplätzen erst im Jahr 2006 eröffnet worden und erfüllt alle Anforderungen von UEFA und FIFA für internationale Wettbewerbe, aber ringsherum befinden sich alte Sowjet-Plattenbauten, die Gegend ist dunkel und unheimlich, vier gewaltige Flutlichter erhellen den Nachthimmel. Ein beeindruckendes Bild. Und vor der Spielstätte des hier heimischen Erstligisten Zimbru Chişinău wimmelt es an Uniformierten. Überall Polizisten und sogar Militär. Alles wird streng bewacht und ich überlege jeden Schritt und jedes Foto. Irgendwie kommt man sich die ganze Zeit bewacht vor und tatsächlich gibt es immer ein paar Augen, die einen streng anstarren. Man hat ständig das Gefühl etwas Illegales zu machen.

Die Kontrollen am Eingang gehen trotzdem ziemlich schnell und mein Blockeingang ist direkt um die Ecke. Doch da werde ich von strengen Ordnern in Militäruniform abgewiesen. Falscher Block, ich müsste genau auf die andere Seite. Verstehe ich zwar nicht, aber ich gehorche brav und laufe einmal um das Stadion. Unterwegs laufe ich am Bierstand vorbei und der ist überlagert von Dänen. Denn Moldawien spielt hier heute gegen Dänemark. Und die Dänen sind von oben bis unten in ihren Landesfarben gekleidet, haben Wikingerhüte auf, rote und weiße Farbe im Gesicht – und sind alle jetzt schon sternhagelvoll. Kein Wunder bei den Bierpreisen hier.

Es dauert auch nicht lange, bis ich mit den ersten Dänen ins Gespräch komme und das erste Bier in den Händen halte. Doch irgendwann reiße ich mich los und laufe weiter zu meinem vermeintlichen Blockeingang. Doch auch hier werde ich abgewiesen. Ich müsste auf die andere Seite, also genau dahin, wo ich herkomme. Unglaublich. Ich laufe wieder los, passiere einmal öfter den von Dänen belagerten Bierstand und stehe wieder am Eingang, wo ich anfangs schon war und abgewiesen wurde. Und wieder wollen mich die beiden etwas älteren Ordner nicht reinlassen und einmal um das Stadion schicken. Doch diesmal kommt ein jüngerer Ordner zur Hilfe, schaut auf mein Ticket und erklärt seinen älteren Kollegen, dass ich hier richtig bin. Der Jüngere bittet mich dann ihm zu folgen und er begleitet mich bis zu meinem Sitzplatz. Wirklich nett. Und anstatt zurück auf seinen Posten zu gehen unterhält er sich nun mit mir, möchte wissen wo ich herkomme, warum ich hier bin und so weiter. Anfangs habe ich Bedenken ihm alles zu erzählen und bin vorsichtig, wer weiß, in welcher Funktion der Typ hier nebenbei unterwegs ist. Aber er ist ganz okay und will mir dann sogar noch den Bierstand draußen zeigen. Den kenne ich ja schon, aber er ist so begeistert bei der Sache, dass ich ihm folge. Wir schlängeln uns durch die ganzen Dänen und dann sehe ich, dass es hier verschiedene Biersorten gibt. Außerdem gibt es Essen in Form von 1-Kilo-Beuteln heimischen Salzgebäcks. Der Ordner

116

empfiehlt mir ein heimisches Bier, bestellt zwei Stück davon und dazu noch einen von diesen Riesenbeuteln mit Knabbereien. Er zahlt. Und ich bin verwirrt. Doch der ist einfach nur nett. Wir stoßen an. Dass er hier eigentlich arbeiten müsste interessiert ihn dabei weniger. Nach dem Bier verabschiedet er sich aber wieder und geht zurück an die Arbeit. Ich bestelle mir noch ein neues Bier und verschwinde damit und dem Knabberbeutel wieder in den Block.

Nach den Nationalhymnen beginnt das Spiel und die Dänen machen direkt Party, singen ein Lied nach dem anderen, während auch die dänischen Spieler richtig Spaß haben. Nach 23 Minuten fällt das erste Tor für Dänemark. Das Spiel ist tatsächlich ziemlich einseitig, Moldawien kommt nicht einmal vor das gegnerische Tor und bereits zur Halbzeit steht es 0:4. Ich gehe wieder raus an den Bierstand. Und da sind die Dänen jetzt noch besser gelaunt als zuvor. Sie singen und tanzen und die Schlange vor dem Zapfhahn ist ziemlich lang. Da komme ich unweigerlich mit dem einen oder andern Dänen ins Gespräch. Und irgendein Däne ist immer in der Nähe, der einem ein Bier in die Hand drückt. Als ich an der Reihe bin, bestelle ich auch direkt ein paar Bier zum günstigen Kurs und verteile sie blind in die Runde. Anschließend gehe ich zurück auf meinen Platz. Doch auf dem Rasen passiert nicht mehr viel und am Ende des Spiels steht's immer noch 0:4. Meinen Knabberbeutel habe ich nicht mal zur Hälfte leer bekommen, obwohl ich in der zweiten Halbzeit ununterbrochen daraus gefuttert habe. Den Rest verschenke ich an ein paar Jungs, die zwei Reihen unter mir sitzen.

Draußen vor dem Stadion ist dann plötzlich alles wieder sehr dunkel und unübersichtlich. Per App bestelle ich mir ein Taxi. Mittlerweile ist es Mitternacht und diesmal muss ich eine Viertelstunde warten, bis mein Fahrer um die Ecke kommt. Und der ist wirklich nett. Wir unterhalten uns während der ganzen Fahrt. Morgen früh um 4:45 Uhr muss ich schon wieder zum Flughafen, in wenigen Stunden also. Meine Reise geht weiter. Ich frage meinen Fahrer, ob er mich um die Zeit abholen und zum Flughafen bringen kann. Er sagt mir zu. Wir tauschen noch schnell unsere Handynummern aus, anschließend erreichen wir auch schon das Hotel.

Eine halbe Stunde nach Mitternacht stehe ich vor meiner Zimmertür, als plötzlich eine Stimme vom Balkon nebenan nach mir ruft. Da steht wieder der Rumäne und hat ein paar Flaschen Bier auf dem Boden stehen. Ich komme nicht Drumherum noch zwei Bier mit ihm zu trinken. Erst um 1:45 Uhr gehe ich ins Bett und ich möchte nicht schon wieder mein Taxi zum Flughafen verschlafen, wie letzten Monat in Dnipro. Ich stelle mir drei Wecker ab 4 Uhr und schlafe ein.

4 Uhr morgens. Direkt beim ersten Weckton werde ich wach. Geht doch. Ich schaue aufs Handy und da hat mir mein Fahrer schon geschrieben. Allerdings steht in seiner Nachricht, dass er mich bereits um 4 Uhr abholen will. Also jetzt. Aber warum das? Ich habe ihn doch zu 4:45 Uhr bestellt. Und tatsächlich bin ich früh genug wach. Also eigentlich. Ich antworte ihm, dass ich vor 4:45 Uhr nicht rauskomme, da ich gerade erst wach bin. Da fängt er dann an zu handeln und schreibt: *„4:10?"*, ich antworte: „4:30!" und komme ihm ja damit schon entgegen. *„Okay, deal!"*,

schreibt er und ich springe aus dem Bett, gehe duschen, packe meine Sachen und frühstücke das Brot, welches ich mir gestern noch gekauft hatte. Pünktlich um 4:30 Uhr habe ich ausgecheckt und stehe vor dem Hotel, als ein Kleinwagen vor meinen Füßen hält. Aus dem Innenraum dröhnt laute Musik nach draußen, der Typ steigt aus seinen Wagen und gibt sich als Sohn meines Taxifahrers aus. Er würde mich nun zum Flughafen bringen. Auch gut. Ich steige ein und der Junge holt bei dröhnender Partymusik alles aus seiner Karre heraus. In weniger als 20 Minuten sind wir am Flughafen und hier habe ich nun alle Zeit der Welt, da mein Flug erst um 7 Uhr geht.

Der Flughafen ist ziemlich überschaubar und es gibt nur ein kleines Restaurant. Hier nehme ich Platz, frühstücke in Ruhe, sortiere meine Bilder der letzten Tage und warte auf das Boarding. Dieses beginnt pünktlich und dann hebt der ukrainische Miniflieger auch schon ab. Denn mein nächstes Ziel lautet einmal öfter Kyiv, wo wir um kurz nach 8 Uhr landen. Einmal öfter geht es dann per Zug und Taxi zu Yaro, wo ich freundlich empfangen werde.

UKRAINISCHES DORFLEBEN

Bei Kaffee und Zigarette setzen wir uns gemütlich auf den Balkon, bevor wir mit dem Bus zu Maxim fahren. Der möchte heute seine Großmutter in einem kleinen Dorf außerhalb von Kyiv besuchen, ganz in der Nähe zu dem Dorf, wo Yaro aufgewachsen ist. Maxim hat uns eingeladen ihn zu begleiten. Wir steigen in ein Marschrutka und fahren stadtauswärts. Nach anderthalb Stunden erreichen wir das typisch ukrainische Dorf. Hier ist nichts mehr vom Großstadtflair zu sehen. Die Gebäude würden wir als abbruchreife Baracken bezeichnen, doch die Menschen hier wohnen darin. Geheizt wird in den Häusern mit alten Holzöfen. Jedes Häuschen besitzt einen kleinen Garten, wo Obst und Gemüse wachsen, Hühner und Schweine herumlaufen. Man versorgt sich überwiegend selbst. Und was übrig ist, wird auf den Märkten in Kyiv verkauft. Als kleiner Nebenverdienst. Mitten im Dorf gibt es einen Klärteich, wo sich das Abwasser der Bewohner sammelt. Der Teich stinkt bestialisch, doch das macht den Menschen hier nichts aus. Sie sind glücklich mit dem, was sie haben. Mehr sogar, sie sind stolz darauf.

Maxims Oma begrüßt uns bereits auf der Straße. Nachdem sie ihren Enkel umarmt hat, umarmt sie auch Yaro und mich. Yaro kennt sie schon lange, mich erst seit einer Minute und doch wirkt alles so vertraut. Sie bittet uns hinein und präsentiert mir voller Stolz das kleine Häuschen. Und dann spricht sich unser Besuch ziemlich schnell in diesem Dorf herum. Nachbarn kommen, es wird gekocht und aufgetischt, als ob es kein Morgen mehr gibt. Gastfreundlichkeit wird hier riesengroß geschrieben. Einfach unbeschreiblich. Die Menschen hier haben nicht viel, aber das wird geteilt. Man feiert oft mit Freunden und Nachbarn zusammen, man hilft sich gegenseitig, man kennt und will es auch nicht anders.

Nachdem wir ausgiebig geschlemmt haben verlassen wir die fröhliche Runde. Maxim will mir noch mehr von diesem Dorf zeigen und wir machen einen Rundgang. Da spielen kleine Kinder direkt neben dem Klärteich im Sand, noch kleinere Kinder winken uns aus einem alten Holzbau zu. Ein Kinderheim, wie Maxim mir erklärt. Ich gehe etwas näher heran. Maxim will mich zurückhalten, doch ich laufe weiter. An einem Fenster des Kinderheimes angekommen reichen mir die Kleinen ihre schmutzigen Hände. Die Kinder wirken ungepflegt, riechen ziemlich streng, aber sie lächeln mich an.

Während ich diese Zeilen schreibe überlege ich, ob ich die Eindrücke überhaupt schriftlich festhalten soll. Vielleicht sollte ich diese Gedanken, diese Bilder einfach verdrängen, vergessen. Doch das kann ich nicht. Sie sind da. Sie sind real. Sie existieren. Auch, wenn ich es nicht wahrhaben will.

Das Gebäude hier ist aus alten Brettern zusammengenagelt worden. Fenster und Türen sind morsch. Der Wind pfeift hindurch. Im Raum hinter dem Fenster, vor dem ich stehe, befinden sich zwei verrostete Kinderbetten. Darauf liegen Matratzen, die völlig verschmiert sind. Von Kot. Insgesamt acht Kinder tummeln sich auf diesen zwei Betten. Teilweise nackt. Hinten in der Ecke des Zimmers steht eine vergammelte Badewanne. Der Holzboden ist verschimmelt.

Maxim und Yaro erklären mir, dass es in den ukrainischen Dörfern viele Heimkinder gibt. Die Eltern haben oft kein Geld, um ihre Kinder zu ernähren. Die Kinder landen dann in diesen Heimen. Doch die Heime haben auch kein Geld. Sie werden nicht vom Staat unterstützt. Man lebt von Spendenorganisationen aus dem Ausland. Aber oft gehen die Kinderheime in den kleinen Dörfern dabei leer aus.

Dieser Anblick. Der Schmutz. Der spürbare Hunger. Die Kinderaugen. Ich setze mich auf den staubigen Boden und heule. Das ist zu viel. Die Welt ist so ungerecht. Da soll mir in Deutschland noch jemand erzählen, dass es ihm schlecht geht. Ich kann nicht mehr, schnappe nach Luft. Maxim und Yaro setzen sich zu mir. Sie erklären, dass solche Anblicke normal wären hier. Aber Ukrainer seien Kämpfer. Die Kinder würden es alle schaffen. Zwar hätten sie, wie viele andere hier, kaum Perspektiven für die Zukunft, aber irgendwie schlage man sich durch. Man sei zufrieden. Ich wäre nur so erschrocken, weil ich meine heile westliche Welt gewohnt wäre.

Und wie so oft im Leben ist das auch hier so. Erfahrungen kann man nicht aus den Medien zusammentragen. Erfahrungen kann man nicht kaufen, auch nicht lernen. Erfahrungen muss man machen.

Wenige Meter weiter spielen ein paar Jugendliche Fußball auf der Straße, welche hier nicht geteert ist, sondern aus festgefahrenem Sand besteht. Ihre Schuhe sind genauso zerfetzt wie der Ball. Aber das interessiert hier niemanden. Hier geht es nicht um das Materielle, sondern um Fußball, um kicken, um Gemeinschaft. Neben der Straße haben sie ein Lagerfeuer entzündet, wo sie sich später Kartoffeln und Fleisch garen werden. Sie präsentieren uns stolz ihre Vorräte. Und ich fühle mich irgendwie in eine Zeit versetzt, die es bei uns schon lange nicht mehr gibt. Während in Deutschland von Armut gesprochen wird, geht es den Kindern und Jugendlichen hier deutlich schlechter. Aber hier ist das keine Armut, sondern man ist glücklich mit dem, was man hat. Man macht das Beste daraus. Die Eltern sind stolz auf ihren Nachwuchs und ermöglichen ihnen das bestmöglichste Leben hier. Ich brauche einige Zeit, um diese Eindrücke zu verarbeiten.

Anschließend kehren wir wieder bei Maxims Großmutter ein. Die Nachbarn sind noch da und mittlerweile ist die örtliche Gesangsgruppe hier eingetroffen, um dem deutschen Besucher ein Ständchen zu bringen. Extra für mich also. Und ich bin einfach sprachlos. Gleichzeitig gibt es Wodka aus Saftgläsern. Zu ukrainischer Musik tanzen jetzt Groß und Klein. Ich sehe die Freude der Einheimischen, den Stolz, dass sie mir das alles präsentieren können und ich spüre eine unglaubliche Herzlichkeit.

Da fällt es beinahe schwer Abschied zu nehmen, doch wir wollen den letzten Bus erwischen und treten gegen Abend die Rückreise nach Kyiv an. Da verabschieden Yaro und ich uns von Maxim und erreichen kurze Zeit später unser Appartement, wo wir erschöpft ins Bett fallen und schnell einschlafen.

DER LETZTE TAG IN KYIV

Am nächsten Morgen sind wir relativ zeitig wach. Yaro und seine Freunde wollen noch in dieser Woche wieder nach Chernobyl aufbrechen. Hierfür wollen wir heute einkaufen und fahren zum nächsten Einkaufszentrum. Außerdem besuchen wir wieder den Militärladen, wo wir uns auch damals entsprechendes Equipment besorgt haben, als wir gemeinsam nach Chernobyl aufgebrochen sind. Hierüber berichten wir in unserem Buch „**CHERNOBYL – DON'T PANIC PROJECT**".

Gegen 13 Uhr sind wir zurück und bereiten uns ein kleines Mittagessen. Eine Stunde später verabschiede ich mich bis heute Abend von Yaro, da ich mir mal wieder ein kleines Fußballspiel in der Nähe herausgepickt habe. Mein Ziel ist die Knyazha-Arena im Dorf Shchaslyve, ein paar Kilometer östlich von Kyiv.

Per App bestelle ich mir ein Taxi. Nach etwa 35 Minuten Fahrt erreichen wir die Arena, welche am Rande des Dorfes liegt. Ursprünglich befand sich hier nur ein alter Fußballplatz, doch dann wurde im Jahr 2005 der heimische Fußballverein FC Knyazha Shchaslyve gegründet. Bereits 2 Jahre später spielte man in der 2. Ukrainischen Liga und hierfür wurde der Fußballplatz zu einem Stadion umgebaut. Insgesamt 1.000 Zuschauer finden hier seitdem Platz, davon 500 Zuschauer auf der neu gebauten und überdachten Tribüne. Nach nur einem Zweitligajahr stieg man 2008 in die Erste Liga auf. Gleichzeitig stieg die 2. Mannschaft des Clubs in die 2. Liga auf. Man war also sehr präsent. Dennoch beschloss man in der darauffolgenden Winterpause, also mitten in der Saison, dass man seine zwei Mannschaften abmelden und den Verein auflösen würde.

Das Stadion stand seitdem leer. Bis zum Ausbruch des Krieges im Jahr 2014. Shakhtar Donezk war direkt vom Krieg betroffen. Das Stadion, die Trainingsplätze, das Jugendleistungszentrum – alles wurde beschädigt. Nicht nur die Profis zogen danach um, sondern auch das Jugendleistungszentrum. Dieses wurde hier in diesem Dorf eingenistet und nutzt seitdem die Knyazha-Arena. Zusätzliche Trainingsplätze wurden geschaffen und auch Drumherum sind die Bedingungen optimal. Ein riesiges Gebäude dient nicht nur als Unterkunft und Trainingszentrum für die Jugendlichen, sondern auch als Schule und Kulturzentrum mit vielen Sport- und Freizeitangeboten. Ringsherum wurde ein riesiger Park errichtet, der wunderschön gepflegt ist und in dem sich die Jugendlichen herumtreiben können.

Zunächst kann ich den Eingang nicht finden und das Gelände ist komplett umzäunt. An einer Ecke finde ich schließlich ein Tor, welches einen halben Meter breit geöffnet ist. Daneben steht ein Museumsreifer Feuerwehrwagen und die Feuerwehrleute bestätigen mir, dass ich hier auf das Gelände laufen kann. Anschließend stehe ich auch schon auf der Tribüne. Mit riesigen Buchstaben wurde gegenüber der Tribüne „*Shakhtar Football Academy*" angebracht. Eine wirklich tolle Anlage. Doch Shakhtar spielt hier heute nicht, sondern der Verein Rubicon Kyiv aus der Hauptstadt. Der Verein selbst wurde erst im Jahr 2017 gegründet und hat keine richtige Heimspielstätte. Zunächst kickte man auf verschiedenen Plätzen innerhalb Kyivs. Als man im Jahr 2020 in die Zweite Liga aufstieg wechselte man zu diesem Stadion. Seitdem werden die Heimspiele hier ausgetragen und der heutige Gegner lautet LNZ Cherkasy.

Ich nehme am Ende der Tribüne Platz. Insgesamt haben sich etwa 300 Zuschauer eingefunden, doch eines fehlt – ein Bierstand. Nichts. Gar nichts. Das stimmt mich etwas traurig. Beim Einlaufen der Mannschaften gibt es dann tolle Musik und einen ausrastenden Stadionsprecher. So hebt sich meine Laune wieder etwas und kaum ist das Spiel angepfiffen, da trudeln so nach und nach immer mehr Shakhtar-Jugendmannschaften von den Trainingsplätzen ringsherum hier ein. Plötzlich sitze ich nicht mehr alleine hinten auf der Tribüne, sondern bin umgeben von der kompletten Shakhtar-Jugend. Und die Jungs sind direkt aufgeschlossen und neugierig. Während manche ihre Schulhefte auspacken und fleißig Hausaufgaben erledigen, packen andere ihr heimlich mitgebrachtes Bier aus und teilen es untereinander auf. Sie fragen mich direkt aus, wer ich bin und wo ich herkomme und sie sind begeistert einen Deutschen zu treffen, erzählen von ihren Träumen, irgendwann einmal in Deutschland Fußball zu spielen.

Währenddessen bekommt die Heimmannschaft hier einen Elfmeter zugesprochen und zack – verwandelt. Kurz vor der Halbzeitpause bekommen aber auch die Gäste einen Strafstoß, verwandeln ebenfalls und so geht es 1:1 Unentschieden in die Pause. Da stehe ich dann auf, suche eine Toilette und stelle schließlich fest, dass man hier einfach hinter die Tribüne geht und dort an die Wand pinkelt. Frauen sind hier wohl nicht vorgesehen.

In der zweiten Hälfte ist das Spiel so ziemlich ausgeglichen, mit leichten Vorteilen für die Gäste. Und genau die bekommen in der 76. Minute tatsächlich nochmal einen Elfmeter. So endet das Spiel nach drei Elfmetern 1:2. Ich bin um eine Spielstätte reicher und quatsche immer noch ganz nett mit den Shakhtar-Jungs, die mich jetzt einladen mit in deren Kabinen zu kommen. Da gäbe es noch Bier und sowas lasse ich mir natürlich nicht zweimal sagen.

Während die Jungs sich duschen und umziehen werden zwei Bier vernichtet, danach gehen die Vorräte hier zu Ende. Ich werde schließlich von jedem einzelnen hier per Handschlag verabschiedet und laufe an den Mannschaftsbussen vorbei. Und da, ganz am Ende des Busparkplatzes, steht ein kleiner Kiosk in Form einer Holzhütte. Und da steht wirklich jemand drin. Und es gibt gezapftes Bier. Hätte ich das vorher gewusst. Habe ich aber leider nicht und so stehe ich erst jetzt hier. Der Typ im Shakhtar-Trainingsanzug fragt mich direkt ein paar Sachen auf Ukrainisch. Das verstehe ich natürlich nicht und ich frage ihn, ob er auf Englisch mit mir sprechen kann. Er lächelt und gibt sich sofort unheimlich viel Mühe. Natürlich möchte auch er wissen wo ich herkomme und was mich hierher verschlagen hat. Und das findet er dann so interessant, dass er gleich zwei Bier zapft – eins für sich und eins für mich. Dann kommt er aus seiner Hütte heraus, wir stellen uns an den kleinen Stehtisch daneben und unterhalten uns wirklich nett. Zum Abschluss kramt er eine Plastikdose aus seinem Rucksack. Darin befinden sich Frikadellen. Er berichtet mir, dass er sich diese heute Mittag beim Essen im Internat nebenan heimlich einpackt hat. Die sollen sehr lecker sein und ich soll sie unbedingt probieren. Mache ich auch und die sind tatsächlich lecker. Wieder mal gibt es eine Verabschiedung per Handschlag und ich laufe nun zum Ausgang des Geländes. Ein paar Meter weiter herrscht dann wieder triste Dorfidylle. Ähnlich wie gestern. Am Straßenrand steht eine alte Kirche, welche aber schon lange nicht mehr genutzt wird. Ich erkunde den baufälligen Sakralbau und finde es schade, wie so ein tolles Bauwerk hier nach und nach zerfällt. Gleichzeitig bestelle ich mir wieder per App ein Taxi, welches schon nach wenigen Minuten vor mir steht. Selbst hier im verlassenen Dorf funktioniert die App einwandfrei.

Östlich des Flusses Dnjepr gehe ich noch etwas durch Kyiv spazieren, genieße verschiedene Ausblicke auf die faszinierende Stadt, bevor ich gegen 21 Uhr zurück bei Yaro bin, wo wir uns noch einen gemütlichen Abend machen und gegen Mitternacht dann schlafen gehen.

Am nächsten Morgen möchte ich ein paar Ecken erkunden, die ich bislang in Kyiv noch nicht gesehen habe. Wir fahren mit der Metro zur westlichen Uferseite und erreichen die Station Arsenalna. Hier steigen wir aus. Doch das ist keine gewöhnliche Metrostation, sondern mit 105,5 Metern unter der Erde die tiefste Station der Welt. Die Rolltreppen in der Ukraine fahren eh schon wesentlich schneller, als die im Westen Europas. Da muss man sich schon festhalten. Aber bei der Rolltreppe hier kann man nicht mal das Ende sehen. Wir fahren eine gefühlte Ewigkeit, könnten in der Zwischenzeit zwei Bier trinken und wären noch nicht oben angekommen. Doch irgendwann haben wir es geschafft und erblicken das Tageslicht.

128

Das Wetter ist herrlich und wir laufen am Ufer des Dnjepr entlang. Dennoch befinden wir uns hier weit oberhalb des Flusses, denn das Ufer fällt sehr steil und tief bergab. Nach wenigen Metern erreichen wir einen riesigen Park. Hier befindet sich eine Festung aus dem Jahr 1894 sowie ein großer Platz, auf dem ein riesiges Monument steht. Im Jahr 1941 wurde diese Stadt von der Deutschen Wehrmacht eingenommen. Und dann sind da wieder diese unfassbaren Zahlen aus der Geschichte, die uns niemals loslassen wird. Niemals loslassen darf. Denn hier an dieser Stelle wurden 660.000 sowjetische Soldaten in Gefangenschaft genommen sowie über eine Millionen Juden ermordet. Unfassbar. Niemals vergessen!

Das Monument steht für die Befreiung der Stadt im Jahr 1945. Und nur wenige Meter weiter steht das nächste Monument, welches an den grausamen Holodomor erinnern soll.

Anschließend geht es bergab. Unten angekommen stehen wir vor den gewaltigen Gebäuden des Höhlenklosters. Einzigartige Gebäude schlängeln sich um den Berg, mehrere Kirchen mit zahlreichen Türmen und goldenen Kuppeln sowie geschichtsträchtige Gemäuer aus dem 12. Jahrhundert lassen sich hier bewundern. Und das ist wirklich schon sehr beeindruckend. Dabei ist das nur der Teil, den man von hier draußen aus sieht. Im Inneren des Berges befinden sich zahlreiche Gänge und Höhlen sowie unterirdische Kirchen. Seit 1990 gehört der riesige Komplex zum UNESCO-Weltkulturerbe.

Biegt man einmal um die Ecke, läuft man an ein paar Schulen vorbei, wo gerade zahlreiche Schüler über die Straßen strömen.

Zwischen den Schulen befinden sich wieder geschichtsträchtige Bauten und goldene Ausstellungsstücke, die teilweise aus dem vierten Jahr vor Christus stammen, also wirklich sehr, sehr alt sind.

Wir laufen nun wieder zurück in Richtung Norden. In einem Supermarkt kaufen wir uns Brot, Streichkäse und Limo, laufen damit aber zunächst weiter. Auf der linken Seite taucht dann ein prachtvolles Gebäude mit vergoldeten Fenstern auf. Im Jahr 1914 errichtet, diente dieser Bau zunächst als Militärflugschule. Von 1934-1938 wurde das Gebäude von der Roten Armee sowie der Marine genutzt, bevor es zu einem Waisenhaus umgebaut wurde. Im Zweiten Weltkrieg erlitt das Gebäude starke Beschädigungen und konnte erst nach einer Restaurierung im Jahr 1948 wieder genutzt werden, fortan als Offiziershaus der sowjetischen Armee. Nachdem die Sowjetunion aufgelöst wurde zogen hier die Streitkräfte der Ukraine ein. Seit dem Jahr 1999 dient der Bau hier nur noch den Offizieren der Streitkräfte, denn der andere Teil des Gebäudes dient seitdem als Zentralmuseum des Militärs. Außerdem ist im Kellergeschoss das Nationale Kunstmuseum untergebracht.

Auf der anderen Straßenseite erblicken wir den riesigen Mariinskyi-Park. Bereits im Jahr 1874 als Park hergerichtet stehen hier heute zahlreiche uralte Bäume. Die weitreichenden Wege führen uns durch Waldgebiete und tolle Anlagen, vorbei an riesigen Brunnen und zahlreichen Denkmälern und dann ist plötzlich alles abgesperrt. Denn hier beginnt der militärische Teil des Parks. Dieser Teil ist für die Öffentlichkeit nicht zugänglich und genau auf der anderen Seite des Zauns stehen etwa 20 Truppen-transporter der Armee, auf denen sich zahlreiche junge Soldaten zusammenquetschen und durch die Plane nach draußen schauen. Sie warten wohl auf Abfahrt und sehen schon jetzt ziemlich durchgeschwitzt aus. Sicherlich alles andere als ge-mütlich auf den Ladeflächen zu sitzen und alle Soldaten haben eine ernste Miene, ja, fast einen starren Blick. Ein paar Soldaten stehen noch draußen und Yaro fragt sie, wohin es gehen soll. Dürfen die natürlich nicht sagen, doch einer von denen flüstert Yaro schließlich zu, dass die Reise nach Luhansk gehen wird. Direkt ins Kriegsgebiet.

Ebenfalls in dem abgesperrten Bereich befinden sich zahlreiche Regierungsgebäude, Hubschrauberlandeplätze und ein Militär-krankenhaus. Wir verlassen den Park und stehen direkt vor dem Marienpalast. In diesem gewaltigen und wirklich schönen Palast aus dem Jahr 1744 residiert der ukrainische Präsident. Ein paar Meter weiter steht auch das ukrainische Parlamentsge-bäude.

Auch ein paar Meter weiter finden wir einen gewaltigen Torbo-gen. Dieser ist der Eingang zum Walerij-Lobanowskyi-Stadion, oder einfach Dinamo-Stadion genannt. Um zum Stadion zu ge-langen, muss man zunächst den gewaltigen Torbogen, auf dem beeindruckend die Geschichte von Dinamo Kyiv zu finden ist, durchschreiten, anschließend durch einen Wald laufen und schon stechen einem direkt die gigantischen Flutlichtmasten ins Auge. Die Sportstätte hier wurde im Jahr 1933 eröffnet und bie-tet 16.873 Zuschauern Platz. Von Anfang an war Dinamo Kyiv hier beheimatet, allerdings zogen die Profis im Jahr 2011 ins neu erbaute Olympiastadion um. Seitdem spielt hier nur noch die Zweite Mannschaft. Aber nicht alleine, denn nach Kriegsausbruch in der Ostukraine musste sich auch der Verein Olimpik Donezk eine neue Heimspielstätte suchen und wurde hier fündig.

Ein wuchtiges Stadion, offene Tribünen, eine Menge Charme und Tradition. Wir kommen zwar nicht hinein, können aber hineinschauen und ich bin wirklich begeistert. Das ist tatsächlich eine traumhafte und nostalgische Anlage hier. Bei einem meiner nächsten Besuche in Kyiv muss ich unbedingt ein Spiel in diesem Stadion sehen. Yaro ist hier mal auf einen der Flutlichtmasten geklettert und konnte sich das Stadion aus der Vogelperspektive anschauen. Das bietet er mir auch heute an, doch das lasse ich dann doch lieber.

Wir verlassen das Gelände wieder und nehmen am Rande des Torbogens Platz. Hier gönnen wir uns das soeben gekaufte Essen, legen also eine kleine Pause ein. Gleichzeitig ruckeln die ganzen Truppentransporter im Park nebenan los. Jetzt ist Abfahrt. Mit Blaulicht und lauten Sirenen zieht die Polizei eine Schneise für den Konvoi durch den dichten Verkehr. Für die Soldaten beginnt nun eine Reise ins Ungewisse. Eine Fahrt in den Krieg. Kein Ausflug. Keine Übung. Krieg.

Yaro und ich applaudieren den Soldaten zu. Sie winken zurück, zeigen mutig die Faust oder das Friedenszeichen. Doch ihre Blicke gehen ins Leere. Nicht alle werden zurückkommen. Ich brauche ein paar Minuten, um diese Situation zu verarbeiten.

Und tatsächlich befinden wir uns ja hier in einem Kriegsland. Seit 2014 wird im Osten des Landes gekämpft. Nachdem die ersten Kämpfe damals vorbei waren, fand dieses Thema, dieser Krieg in den westlichen Medien kaum mehr Berücksichtigung. In den letzten Wochen verstärkt Russland aber seine Truppen wieder, welche sich nahe der ukrainischen Grenze aufhalten. Da wird ordentlich aufgerüstet, schwere Maschinerie aufgefahren. Nun wird auch wieder in den westlichen Medien darüber berichtet. Von Kriegsgefahr ist die Rede. Dabei besteht keine Kriegsgefahr, denn es herrscht schon längst Krieg. Natürlich ist die Ukraine auch kein unbeschriebenes Blatt, was Korruption betrifft. Viele Regeln wurden in der Vergangenheit nicht von der Regierung, sondern von den Reichen, also den Oligarchen, aufgestellt. Dennoch geben sich die aktuelle Regierung und auch der Großteil der Bevölkerung unheimlich viel Mühe, um sich dem Westen anzunähern. Immer wieder schaut man mit leuchtenden Augen gen Westen, würde gerne zur EU gehören, der NATO beitreten. Doch die NATO hat Russland nach Auflösung der Sowjetunion zugesichert, sich nicht in Richtung Osten zu erweitern. Aber genau das ist in den letzten Jahren geschehen. Russland fühlt sich nun bedroht und will jetzt um jeden Preis verhindern, dass die Ukraine auch noch einem westlichen Bündnis beitritt. Die westliche Ausrichtung der Ukraine und der Drang nach immer mehr Demokratie in diesem Land wird dem russischen Präsidenten immer mehr zu einem Dorn im Auge. Denn sollte die Ukraine ihre demokratischen Ziele erreichen, dann würde das auch in Russland zu einem Umdenken in der Bevölkerung führen. Das System des russischen Präsidenten wäre gefährdet. Und genau das versucht er nun mit allen Mitteln zu verhindern. Aber genau dieses Gefangensein zwischen dem Westen und Russland macht die Ukraine zu einem verlassenen Einzelkämpfer. Immer zwischen den Fronten. Doch der russische Präsident beharrt darauf, dass viele der Ukrainer doch eigentlich Russen seien. Schließlich gehörte die Ukraine früher mal zu Russland. Richtig. Früher. Aber die Zeiten sind eben vorbei. Die Geschichte hat sich geändert. Nur für den russischen Präsidenten nicht, der gerne wieder über die Ukraine bestimmen würde, dieses Land nicht einmal als Unabhängig anerkennt. Und jetzt droht er mit unheimlichen Truppenaufmärschen an den Grenzen. In den russischen Medien laufen Propaganda-Videos, die zeigen sollen, wie die Russen in der Ukraine unterdrückt werden. Und jeder weiß, dass das nicht so ist. Die westliche Welt zerbricht sich den Kopf. Die Medien überschlagen sich. Und irgendwie hat man den Eindruck, dass sich dieses Thema nach jahrelangem Schweigen nun in der westlichen Welt viel mehr ausbreitet, als in Kyiv selbst. Zwar sieht man auch hier die Gefahr, mittlerweile werden in der Stadt wieder Alarmübungen durchgeführt. Alle Einwohner werden für den Notfall vorbereitet und bekommen die Wege zum nächsten Luftschutzbunker zugewiesen. Auch soll jeder Bewohner ein Notfallpaket zuhause haben, bestehend aus haltbaren Lebensmitteln, Wodka, Wundschutzsalben und Bengalos, mit denen man im Notfall auf sich aufmerksam machen kann. Jugendliche werden ohne Vorwarnung auf der Straße eingesammelt und zwangseingezogen, unmittelbar zur Gefahrenzone gebracht und dort im Schnellverfahren ausgebildet. Davor hat auch Yaro Angst, denn er möchte nicht an die Front. Doch insgesamt sind die Einwohner hier sehr gelassen. Das Leben geht weiter. Alles ist normal. Keine Kriegsangst. Man hat sich in den letzten Jahren schon fast an die Situation gewöhnt, dass man ständig durch Russland bedroht wird.

Man hält zusammen und ist fest entschlossen, im Notfall gegen die Russen zu kämpfen. Auch wenn das ziemlich aussichtslos wäre. Doch das redet man sich natürlich nicht ein.

Die Gefahr ist jedenfalls vorhanden. Während westliche Länder nun der Ukraine zur Seite springen, fühlt sich der Russe dadurch direkt provoziert. Denn die NATO steht schon seit einigen Jahren vor seiner Haustür. Das gefällt ihm natürlich nicht. Gleichzeitig hat man aber auch in Russland mobilisiert und mittlerweile mehr als 100.000 Soldaten nahe der ukrainischen Grenze stationiert, sowie tausende Panzer, Flugzeuge und Raketensysteme. Doch das angeblich nur, um sich verteidigen zu können. Denn der Westen würde ja drohen. Eine Endlosschleife, in der am Ende nur die ukrainische Bevölkerung leiden wird. Einen Sieger wird es nicht geben. Weder die NATO, noch Russland. Würde Russland die Aggressionen beenden, dann würde es keinen Krieg geben. Würde die Ukraine aufhören sich zu verteidigen, dann würde es die Ukraine nicht mehr geben. Der russische Präsident dreht den Spieß also einfach um und spielt den Retter für seine Landsleute. Das ist gut und wichtig für seine Wahlstimmen. Aber es ist auch ein gefährliches Spiel mit dem Feuer. Im wahrsten Sinne des Wortes. Eine Ausganglage, die mit diplomatischen Mitteln kaum noch zu lösen ist. Doch die Hoffnung stirbt zuletzt. Und die Ukraine hoffentlich nie.

Die Menschen hier fühlen sich jedenfalls sicher. Auch ich fühle mich in diesem Land und in Kyiv sicher. Ich würde eher nachts in Kyiv durch dunkle Gassen laufen, als in Berlin, Barcelona oder sonst wo auf der Welt. Und das in den nächsten Jahren hoffentlich auch noch.

Eigentlich wollte ich mir heute noch das Olympiastadion anschauen, doch so langsam wird die Zeit knapp. Denn Yaro hat in den letzten Tagen von einem ukrainischen Spielehersteller ein „*Kyiv-Monopoly*" geschenkt bekommen. Eigentlich ein klassisches Monopoly-Brettspiel, aber eben auf Kyiv ausgerichtet. Manchmal bekommt er von Unternehmen so etwas geschenkt, damit er Werbung dafür in den sozialen Medien macht. Kaufen die Leute dann über seinen Link das Produkt, so bekommt er eine Provision. Warum also nicht, wenn man eh um jeden Cent kämpfen muss. Und für heute Abend haben sich Maxim, Dima und Sueta angekündigt, um Monopoly zu spielen. Sueta kenne ich noch nicht, aber das wird sich ja in wenigen Stunden ändern.

Zunächst einmal laufen wir zum Maidan, der von hier gar nicht mehr weit weg ist. Und da blüht mein Herz direkt wieder auf. Wie hier das Leben spielt, wie glücklich und unbeschwert sich die Einheimischen hier aufhalten. An einer Ecke steht ein Schlagzeuger und der gibt richtig Gas. Innerhalb weniger Minuten bildet sich eine große Menschentraube, welche über den Platz tanzt. Die Menschen hier, die grandiose Bebauung, die Freiheitsstatue, das wuchtige Hotel im Hintergrund, die ganzen Springbrunnen, all das begeistert mich immer wieder hier.

Wir fahren nun mit der Metro über den Fluss und steigen in Darnytsia aus, um eine Kleinigkeit zu essen. Hinter der Station befindet sich ein kleiner Markt, dahinter eine Einkaufsstraße sowie ein großer Platz und ein Busbahnhof. Ähnlich wie am Maidan, aber ohne Touristen. Dieser Fleck hier ist unberührt, einheimisch. Und dennoch ist hier alles bunt. Hier herrscht reges Treiben auf den Straßen und in den Geschäften.

Hier decken sich alle ein und laufen mit vollen Taschen zurück nach Hause. Wir kaufen auch für den Abend ein und fahren ebenfalls mit vollen Taschen zurück zum Appartement, wo wir gegen 20:30 Uhr ankommen.

Keine fünf Minuten nach unserer Ankunft trudeln auch die anderen ein. Das Monopoly-Brett wird ausgepackt, die ersten Bierflaschen öffnen sich und so beginnt ein extrem feuchtfröhlicher Abend. Das Spiel beinhaltet typisch ukrainische Aufgaben, wie *„wer nicht hüpft, der ist ein Russe"*. Die Jungs versuchen mir alles ausführlich zu übersetzen und zu erklären. Das Spiel geht bis weit nach Mitternacht und endet einfach nicht, so dass irgendwann beschlossen wird, das Spiel trotzdem zu beenden. Wir unterhalten uns noch etwas und trinken die restlichen Biere aus. Gegen 3 Uhr verabschieden sich die anderen Jungs und ich bin immer wieder begeistert, wieviel Spaß man mit denen trotz Sprachbarriere haben kann. Ich bin unglaublich glücklich, aber auch hundemüde. Yaro und ich räumen noch kurz auf, anschließend legen wir uns direkt schlafen.

Bereits um 9 Uhr klingelt am folgenden Morgen mein Wecker. Heute steht schon wieder meine Rückreise an. Schade eigentlich. Aber ich hatte wieder ein paar tolle Tage. Zum Abschied trinken wir noch gemütlich einen Kaffee auf dem Balkon. Nach einer herzlichen Verabschiedung betrete ich die breite Straße vor dem Haus, welche stadteinwärts führt und wo ich auch ziemlich schnell eingesammelt werde.

Etwa eine Stunde Fahrtzeit trennt mich vom kleinen Innenstadtflughafen, von wo heute mein Rückflug geht. Hier habe ich dann genug Zeit für alle Kontrollen, frühstücke noch in Ruhe und pünktlich um 13 Uhr hebt mein Flieger ab in Richtung Westen.

Ich ahne noch nicht, dass dies mein vorerst letzter Besuch in der Ukraine war. Denn zunächst holt uns Corona wieder ein. Eine Reise in die Ukraine ist im Winter quasi unmöglich. Als ich dann endlich Flüge buchen kann und wir uns erste Reiseziele stecken, zum Beispiel einen Besuch in Charkiw, scheint die Welt gerade wieder in Ordnung zu sein. Die Vorfreude steigt. Doch nur wenige Wochen später wird nichts mehr so sein, wie es mal war. Unsere gesteckten Ziele werden dann zerstört sein, meine ukrainischen Freunde in Angst und Panik leben. Ich werde Spenden für die Jungs sammeln. Die Welt wird plötzlich eine andere sein. Krieg. Krieg in Europa. Im Jahr 2022. Dabei dachte ich, der Wind hätte sich gedreht. Ich bin fassungslos. Was mir bleibt ist eine Mischung aus bangen und hoffen. Und Erinnerungen an faszinierende Erlebnisse im Jahr 2021. Als die Welt noch eine andere war.